# Wie verraadde
# Anne Frank?

Nederlands Instituut voor Oorlogsdocumentatie

David Barnouw &
Gerrold van der Stroom

# Wie verraadde Anne Frank?

BOOM – AMSTERDAM

Foto's omslag: Carel Blazer/MAI
Ontwerp omslag: Mesika Design, Hilversum
Zetwerk: Velotekst (B.L. van Popering), Zoetermeer
Druk en afwerking: Hentenaar boek, Nieuwegein

© 2003 NIOD – David Barnouw en Gerrold van der Stroom, Amsterdam

ISBN 90 5352 932 2
NUR 680

# Inhoudsopgave

1 Inleiding  *7*

2 Jodenvervolging  *11*
  Onderduik  *12*
  Vervolgingsapparaat  *13*

3 Onderduik en arrestatie aan de Prinsengracht 263  *21*

4 Leveranties aan de Wehrmacht  *23*

5 Drie verdachten  *27*
  Van Maaren  *27*
  Hartog-van Bladeren  *33*
  Ahlers  *34*

6 Zijn de verdachten schuldig?  *39*
  Van Maaren  *40*
  Hartog-van Bladeren  *41*
  Ahlers  *42*
    1  *Contacten van Ahlers met Otto Frank*  *42*
    2  *Chantage in en na oorlogstijd*  *69*
    3  *Verraad door Ahlers van Prinsengracht 263?*  *73*

7   Andere verraders?   *81*

8   Conclusie   *89*

Noten   *93*

Bronnen, literatuur en afkortingen   *101*

# 1

# Inleiding

In 1986 publiceerde het Rijksinstituut voor Oorlogsdocumentatie – nu Nederlands Instituut voor Oorlogsdocumentatie
(NIOD) – *De Dagboeken van Anne Frank*. In deze kritische uitgave (samengesteld door Harry Paape († 2001), Gerrold van der
Stroom en David Barnouw) waren alle toentertijd bekende
dagboek-aantekeningen van Anne Frank opgenomen. In de
inleiding was een hoofdstuk gewijd aan het verraad van de
familie Frank en haar medeonderduikers. De conclusie was dat
er geen verrader aangewezen kon worden.

Intussen zijn twee boeken uitgekomen, van Melissa Müller,
*Anne Frank. De biografie* (1998) en van Carol Ann Lee, *Het verborgen leven van Otto Frank* (2002), die elk met een nieuwe
verraadthese komen. De laatste komt bovendien met een chan-
tagethese, die te maken heeft met de onderneming van de vader
van Anne, Otto Frank.

Het NIOD besloot daarom een vervolgonderzoek in te stellen,
dat zich op de volgende zaken heeft gericht:

*a* het naast elkaar zetten van de tot nu toe genoemde ver-
raadthesen en een beoordeling van de mogelijkheden en
onmogelijkheden, en
*b* chantagemogelijkheden tijdens en na de oorlog, mede
gezien de rol van Otto Frank bij de bedrijfsvoering van
Opekta, Pectacon en Gies & Co tijdens en na de oorlog.

Ons onderzoek heeft zich geconcentreerd op drie verdachten, maar dat betekent niet dat wij andere mogelijke verdachten buiten beschouwing hebben gelaten. In hoofdstuk 7 wordt daar verder op in gegaan.

Wij zijn uitgegaan van hetzelfde (archief)materiaal als waarvan in bovenstaande studies gebruik is gemaakt.

Het is jammer dat twee instanties die relevante archiefstukken beheren, de Anne Frank Stichting in Amsterdam en (de president van) het Anne Frank Fonds in Bazel, (nog) niet over archiefinventarissen beschikken. Dat betekent dat wij niet weten welke archiefstukken er zijn of waren, en dat de mogelijkheid bestaat dat nu nog onbekend materiaal op een later tijdstip opduikt.

Aan het eventuele verraad door Van Maaren en de arrestatie van de ondergedokenen zijn in eerder genoemde kritische uitgave *De Dagboeken van Anne Frank* al tientallen pagina's besteed. Melissa Müller zocht als eerste een andere verdachte dan de gedoodverfde Van Maaren. Haar theorie is beknopt en wij hebben haar onderzoeksresultaten daarom ook bondig behandeld. Het grootste gedeelte van deze studie is gewijd aan de derde, door zeer veel bronnenmateriaal geschraagde verraadthese, namelijk dat Otto Frank en de anderen door Tonny Ahlers verraden zouden zijn. Daarnaast zou er ook nog sprake zijn geweest van chantage. Het is dus bijna vanzelfsprekend dat de nadruk op hem komt te vallen.

Wij zeggen dank aan bovengenoemde auteurs, Melissa Müller en Carol Ann Lee, met wie wij geregeld contact hebben gehad, aan het Nationaal Archief, met name Sierk Plantinga en Nico van Horn, aan de Anne Frank Stichting, met name Teresien da Silva en Yt Stoker, en aan het Anne Frank Fonds, met name de president Buddy Elias. Behalve zij waren ons verder behulpzaam: Anton Ahlers, Miep Gies, Paul Gies, Gerlof Langerijs, Jan Oegema, Eric Slot, Cor Suijk en W.J. Veraart. Het is jammer dat enkele familieleden van een van de hoofdverdachten niet met ons wilden praten. In een eerder stadium hebben ze echter wel met enkele media gesproken, en daaruit leiden wij af dat hun weigering met ons te praten het onderzoek niet ernstig heeft gehinderd.

In een volgende druk van *De Dagboeken van Anne Frank* zal een verkorte versie van dit rapport worden opgenomen. Tevens zal daar de voetnoot op p. 381 worden veranderd. Hierin wordt F.J. Piron als koper van Prinsengracht 263 genoemd, maar F.J. Pieron heeft het pand juist *ver*kocht.

# 2

# Jodenvervolging

Toen de Duitsers Nederland in mei 1940 na een vijfdaagse oorlog hadden overmeesterd, woonden er ruim 140.000 'vol-joden' (een door de nazi's gebruikte term), onder wie ruim 14.000 joden die vanaf 1933 Duitsland waren ontvlucht. Op het eerste gezicht gedroegen de Duitsers zich als 'nette' bezetters, en joden schenen niet anders dan niet-joden behandeld te zullen worden. De antisemitische acties op straat kwamen van Nederlandse nationaal-socialisten en leken niet de 'officiële' Duitse steun te krijgen. Maar de situatie veranderde al spoedig: het 'ging bergaf met de goede tijden', zoals Anne Frank later, op 20 juni 1942, in haar dagboek schreef, gevolgd door een korte samenvatting van de beperkende maatregelen die de joden worden opgedrongen:

Na mei 1940 ging het bergaf met de goede tijden: eerst de oorlog, dan de capitulatie en de inmars der Duitsers en de ellende voor ons joden begon. Jodenwet volgde op joden-wet en onze vrijheid werd zeer beknot. Joden moeten een jodenster dragen; joden moeten hun fietsen afgeven; joden mogen niet in de tram; joden mogen niet in een auto, ook niet in een particuliere; joden mogen alleen van 15.00 – 17.00 uur boodschappen doen; joden mogen alleen maar naar een joodse kapper; joden mogen vanaf 20.00 uur 's avonds tot 6.00 uur 's ochtends niet op straat; joden mogen zich niet in schouwburgen, bioscopen en andere voor ver-maak dienende plaatsen ophouden; joden mogen niet naar een zwembad, evenmin naar tennis-, hockey- of andere sportplaatsen; joden mogen niet roeien; joden mogen in het openbaar generlei sport doen; joden mogen na acht uur 's avonds niet meer in hun tuin zitten, evenmin bij hun kennissen; joden mogen niet bij christenen thuis komen; joden moeten naar joodse scholen gaan en al dergelijke meer. (*De Dagboeken van Anne Frank*, 228-229)

Op 22 en 23 februari 1941 worden bij twee razzia's in het centrum van Amsterdam meer dan 400 meest jonge joodse mannen opgepakt en gedeporteerd naar Mauthausen. Er volgt nog een aantal verspreide razzia's in Amsterdam, in de Achterhoek en in Arnhem, Apeldoorn en Zwolle. In de zomer van 1942 beginnen de eerste systematische oproepen. De zestienjarige Margot Frank hoorde bij de eerste groep van duizend personen, voornamelijk Duitse joden, onder wie een aantal jongeren, die op zondag 5 juli 1942 een aangetekende oproep kreeg van de zogenaamde *Zentralstelle für jüdische Auswanderung*. Zij diende zich daar te melden om, zoals leugenachtig werd gesteld, in Duitsland te gaan werken. Deze oproep zorgde ervoor dat Otto Frank zijn goed voorbereide onderduikplan moest vervroegen. Een dag later bevonden Otto Frank, zijn vrouw Edith Frank-Holländer en hun dochters Margot en Anne zich in het achterhuis van Prinsengracht 263, het kantoor en opslagplaats van Pectacon en Opekta (de bedrijven van Otto Frank). Enige dagen later voegden Hermann van Pels, zijn vrouw Gusti van Pels-Röttgen en hun zoon Peter zich bij hen. Half november kwam tandarts Friedrich Pfeffer erbij: tezamen acht joodse onderduikers in het hartje van Amsterdam.

## Onderduik

Exacte cijfers over het aantal ondergedoken joden bestaan niet. L. de Jong schrijft over circa 25.000 ondergedoken joden, van wie 17.000 het zouden hebben overleefd. Er moeten dus minstens 8.000 ondergedoken joden zijn gearresteerd en gedeporteerd. Andere auteurs kwamen op 12.000 overlevende onderduikers (Herzberg), 15.000 (Berkely) en 10.000 (Presser). Een kwart eeuw na De Jong waagde Bert Jan Flim zich in 2001 onder meer aan de vraag hoeveel onderduikers er nu werkelijk waren, waar ze vandaan kwamen en waar ze onderdoken. Flim raamt het aantal ondergedoken, niet gemengd gehuwde 'voljoden' op 14.500.[1] Er is ook geen beeld te schetsen van 'de' ondergedoken jood of hoe die onderduik eruit zag, want daarvoor zijn de individuele verschillen te groot. Wat wel vaststaat: baby's en kleine kinderen die waren ondergedoken hadden een grote overlevingskans, en men dook zelden met het hele gezin onder. Het onderduiken op één plek van meerdere joodse onderduikers, in dit geval acht, kwam nauwelijks voor; bovendien verbleven de meeste onderduikers in de loop der tijd op verschillende onderduikplaatsen.

## Vervolgingsapparaat

Achter het oprukkende Duitse leger waren *Einsatzkommandos* van de *Sicherheitspolizei* (*Sipo*) en *Sicherheitsdienst* (sd) Nederland binnengekomen; zij hadden zich als regionale afdelingen van het Duitse *Reichssicherheitshauptamt* (rsha) in een aantal steden gevestigd. Na een paar maanden werden zij omgedoopt tot *Aussenstellen* van de *Befehlshaber der Sicherheitspolizei und des sd* (*BdS*), die in Den Haag was gevestigd. ss-*Standartenführer* Willy Harster bezette vanaf juli 1940 deze post. Boven hem stond nog Hanns Rauter, de *Höhere ss- und Polizeiführer*, een van de vier Duitse *Generalkommissare* onder *Reichskommissar* Arthur Seyss-Inquart. Maar bovenal was Rauter verantwoording schuldig aan Heinrich Himmler, de hoogste man in het Derde Rijk met betrekking tot politie- en veiligheidszaken én de jodenvervolging.

De Amsterdamse *Aussenstelle* was eerst gevestigd aan de Herengracht 485-487, maar belandde uiteindelijk in de Meisjes-

*Aussenstelle* van de *Sicherheitsdienst* (NIOD)

HBS op de Euterpestraat 91-109. In het algemene spraakgebruik werden de *Aussenstelle*-medewerkers als SD'er aangeduid, maar vanwege hun groene uniform ook als *Grüne Polizei*. Hun taak was gevarieerd, zoals uit de 'Levensloop' van K.L. Diepgrond blijkt. Deze werkte een jaar als tolk voor deze Duitsers; hij somt het werk van de verschillende SD'ers op:

Obersturmführer Brandenburg voor financiën, bankwezen, handel, effecten en agrarische aangelegenheden.

Obersturmführer Möller voor culturen, kerk, kunst en pers.

Obersturmführer Gebürtsky voor NSB en andere politieke partijen.

Untersturmführer Barbie voor Joodsche aangelegenheden met Hauptscharführer Kempin aan hem toegevoegd voor de liquidering van de Vrijmetselarij en andere internationale organisaties op geestelijk gebied.

Hauptsturmführer Hase voor de zuivering van de Nederlandsche literatuur en liquidering van de Joodsche uitgeverijen.

Untersturmführer Golder voor het inbeslagnemen van grote voorraden genotmiddelen, zoals koffie, thee en rookwaren.[2]

Willy Lages was vanaf maart 1941 tot het eind van de bezetting de leider van deze *Aussenstelle* en sinds oktober 1944 ook formeel chef van de hierna te noemen *Zentralstelle für Jüdische Auswanderung*.

In de beginperiode stond de *vervolging* van joden nog niet voorop, maar de isolerende en discrimerende maatregelen tegen de joden kwamen langzaam maar zeker van de grond. Binnen de nationaal-socialistische organisaties in Nederland bevonden zich radicale antisemieten die door anti-joodse straatacties de Duitsers tot meer beweging trachten te brengen. Maar het Duitse apparaat ging omzichtig te werk, zeker na de februaristakingen in 1941 in Amsterdam en omstreken. Een maand na die stakingen werd in Amsterdam een *Zentralstelle für jüdische Auswanderung* opgericht; via dit bureau zouden joden de gelegenheid krijgen legaal naar het buitenland te emigreren. De Verenigde Staten waren nog niet bij de oorlog betrokken en de *Zentralstelle* leek een goede uitweg. Om de façade nog mooier te maken, moest de in februari 1941 ingestelde Joodsche Raad een verbindingsbureau met deze *Zentralstelle* instellen; dit werd de *Expositur*. Bij de voorbereiding van allerlei anti-joodse maatregelen waren tal van Nederlandse, niet-nationaal-socialistische ambtenaren betrokken. Ditzelfde geldt voor de uiteindelijke uitvoering van de zogeheten *Endlösung*: zowel bij razzia's, bewakingsdiensten als bij het jagen op ondergedoken joden waren honderden Nederlandse politieagenten betrokken, deels nationaal-socialisten, maar deels niet. Voor de slachtoffers maakte dat natuurlijk niets uit.

Tussen de eerste oproepen in juli 1942 en de laatste grote razzia in Amsterdam op 29 september 1943 werden in Nederland meer dan 100.000 joden opgepakt en gedeporteerd. Vanaf oktober 1943 was het beleid erop gericht het restant van de ondergedoken joden op te sporen en naar de vernietigingskampen te sturen.

De *Zentralstelle für jüdische Auswanderung* was in die tijd gevestigd in de Christelijke HBS aan het Adama van Scheltemaplein 1, maar dat pand werd, omdat de taak van de *Zentralstelle* eind 1943 eigenlijk afgelopen was, voornamelijk gebruikt als archief en eetzaal.[3] Veel belangrijker en tot op het laatst uiterst actief was de *Aussenstelle* van de SD, gelegen tegenover de *Zentralstelle* en in de meisjes-HBS gevestigd.

De Duitsers joegen niet alleen op joden, maar ook op hun bezittingen. Voordat de joden gedeporteerd werden, was een groot deel van de waarde van hun bezit al bijgeschreven op de rekening van de roofbank *Lippmann-Rosenthal*. De Duitsers eigenden zich ook de inboedels van de nu onbewoonde huizen toe. Dat werd georganiseerd door de zogenaamde *Hausrater-*

De *Zentralstelle für Jüdische Auswanderung* na het bombardement
in 1944 (NIOD)

*fassung*, die vier onderafdelingen had, Colonnes genaamd. Een daarvan, de Colonne Henneicke (genoemd naar de leider van deze groep), hield zich vanaf oktober 1942 niet alleen meer bezig met het registreren van joodse inboedels. Deze groep verwerd tot een bende jodenjagers die daar goed voor betaald kreeg; twee aan twee waren haar leden tot eind 1943 binnen en buiten Amsterdam actief. Naast hun salaris ontvingen zij vanaf maart 1943 ook een premie per gevangengenomen jood, waarbij het bedrag van *f* 7,50 vaak wordt genoemd, maar ook wel een maximum van *f* 40.[4] De beruchte jodenjager Abraham Kaper, hoofd van IVB4 (*Judenreferat*), zei na de oorlog over het 'kopgeld': 'Aanvankelijk bedroeg dit *f* 2,50 per persoon, hetwelk later opgevoerd werd tot *f* 40. Van deze gelden moesten de tipgevers worden betaald en de overige kosten.'[5] Of het nu Duitse of Nederlandse jodenjagers waren: zonder informatie of tips van de bevolking over ondergedoken joden zou hun jacht niet zo succesvol zijn geweest. Kaper vertelde tijdens een van zijn verhoren: 'Er werd aan dit bureau sporadisch met z.g. verraders gewerkt. Wel kwamen er berichten binnen, zoowel geteekende als ongeteekende brieven betreffende gedragingen van Joden, in verband waarmee dan een onderzoek werd ingesteld.'[6] Er zijn geen betrouwbare cijfers beschikbaar. 'Vaak werden acties uitgevoerd "op grond van ontvangen informatie", maar er zijn geen middelen om vast te stellen om hoeveel gevallen dit ging.'[7]

Wij beschikken wel over veel naoorlogse verklaringen van SD'ers en hun Nederlandse handlangers, maar tastbare zaken als verraadbriefjes en dag-, week- of maandrapporten met namen ontbreken. Dat heeft waarschijnlijk voor een groot deel te maken met het feit dat de *Zentralstelle* als archief gebruikt werd – een archief dat verloren moet zijn gegaan op zondag 19 november 1944, toen 24 Engelse *Typhoons* beide schoolgebouwen bestookten, waarbij de *Zentralstelle* half verwoest werd en het SD-hoofdkwartier zulke schade opliep dat de SD naar het hotel Apollofirst moest verhuizen. Bij dit bombardement werden tientallen woonhuizen verwoest; waarschijnlijk vijftig burgers verloren hun leven, tegenover slechts vier SD'ers.[8] Ook is in de septemberdagen van 1944 veel archiefmateriaal door de SD vernietigd.[9]

Otto Frank met Margot en Anne, 1930 (AFF/AFS)

# 3

# Onderduik en arrestatie aan de Prinsengracht 263

Hiervoor werd al vermeld dat de oproepen om in Duitsland te gaan werken van 5 juli 1942 – Margot Frank had ook zo'n oproep gekregen – ervoor zorgden dat Otto Frank de onderduikplannen van hem en zijn gezin vervroegde. Op maandag 6 juli sloten zij de voordeur van Merwedeplein 37-II achter zich, om er nooit meer terug te keren. Anne schrijft er als volgt over:

> Pas toen we op straat waren vertelden vader en moeder me bij brokjes en beetjes het hele schuilplan. Al maandenlang hadden we zoveel van onze inboedel en lijfgoed als mogelijk was, het huis uit gedaan, en nu waren we net zover dat we vrijwillig op 16 Juli wilden gaan schuilen. Door deze oproep was dat schuilplan 10 dagen vroeger gelegd, zodat we ons met minder goed geordende appartementen zouden moeten tevreden stellen.[1]

Deze onderduik was niet representatief voor het onderduiken in zijn algemeenheid. Otto Frank en zijn familie waren vluchtelingen uit Duitsland en hoorden dus niet tot de joods-Nederlandse 'zuil'. Maar Frank had door zijn bedrijf Opekta veel contacten met niet-joden, die hem zouden kunnen helpen.[2] Dat gold niet alleen voor Miep Gies, Franks steun en toeverlaat, en haar collega's, maar ook voor de Opekta-vertegenwoordigers, die wekelijks het bedrijf bezochten. Nadat de *Sicherheitsdienst* het huis had overvallen, hadden zij voorgesteld om geld bij elkaar te halen om de Franks vrij te kopen.

Vrijdag 4 augustus 1944 betekende voor de familie Frank het einde van de onderduik.[3] Op de *Aussenstelle* van de SD was een bericht binnengekomen dat er joden verborgen waren op Prinsengracht 263. *ss-Oberscharführer* (sergeant) Karl Joseph Silberbauer werd, volgens zijn verhoren in 1963 en 1964, door zijn chef Julius Dettmann hiervan op de hoogte gebracht, en zelfs het aantal ondergedoken joden zou zijn genoemd. Dettmann zou ook Abraham Kaper hebben opgedragen acht van zijn mannen aan te wijzen om met Silberbauer mee te gaan.

In werkelijkheid arriveerde Silberbauer vanuit de *Aussenstelle* met ten minste drie Nederlandse handlangers, Gezinus Gringhuis, Willem Grootendorst en Maarten Kuiper. Over wat er daarna gebeurde, lopen de verhalen uiteen. Willem van Maaren en Lambert Hartog waren aan het werk in het magazijn en Miep Gies, Bep Voskuijl, Johannes Kleiman en Victor Kugler waren in het voorkantoor bezig. Een belangrijke vraag is of de SD wíst wáár de onderduikers waren, namelijk in het achterhuis, of dat ze alleen het adres Prinsengracht 263 kenden.

Otto Frank was de enige die na de oorlog kon vertellen wat zich bij de inval in het achterhuis had afgespeeld. Hij vertelde bijvoorbeeld dat Silberbauer, toen die erachter kwam dat Frank in de Eerste Wereldoorlog reserveluitenant in het Duitse leger was geweest, niet meer op spoed had aangedrongen. Er was overigens ook tijd over, omdat er een grotere auto moest komen om de opgepakte joden af te voeren. Dat laatste wijst er weer op dat men bij de SD niet wist dat er maar liefst acht onderduikers waren. Kleiman en Kugler werden ook meegenomen, als 'jodenbegunstigers'. Bep Voskuijl kon het pand gemakkelijk verlaten en Jan Gies, die zoals gebruikelijk tegen lunchtijd op het kantoor kwam, werd door zijn vrouw haastig weggestuurd. Silberbauer, die merkte dat Miep oorspronkelijk uit Wenen kwam, noemde haar eerst een 'Landesverräterin', maar liet haar verder met rust. De omkooppoging die Miep Gies later bij Silberbauer op de *Aussenstelle* ondernam, werd door hem in 1964 ontkend.

# 4

# Leveranties aan de Wehrmacht

Het gangbare beeld van Nederland en de bezetting was dat van een onverwachte en lafhartige overval van de Duitse legers op 10 mei 1940, waarna een vijfjarig schrikbewind volgde van uitbuiting, plundering en diepgaande armoede, culminerend in de hongerwinter van 1944-1945; geruime tijd hét symbool van het Nederlandse lijden. Dat beeld is door de jaren heen genuanceerd. Zo was er in Nederland tot aan de hongerwinter van voedseltekorten weinig te merken.[1] De plaats van de honger is ingenomen door de jodenvervolging; géén symbool, maar gruwelijke werkelijkheid. De uitbuiting en plundering hebben zich in de eerste plaats voorgedaan bij de zogenaamde arisering: het beroven van de joden van hun winkels, bedrijven, goederen, effecten en andere bezittingen zonder een zinnige compensatie, voordat ze met name via Westerbork naar de vernietigingskampen werden gedeporteerd.

En de niet-joden dan; gingen die geen vijfjarige periode van armoede in? Recent onderzoek heeft laten zien dat men de jaren 1940-1945 op dit punt niet als één geheel kan zien. 'De jaren 1940 en '41 kunnen in Nederland niet anders worden beschreven dan als een periode van hoogconjunctuur zoals het land die sinds de late jaren twintig niet meer had gekend,' aldus de historicus Klemann.[2] Die hoogconjunctuur werd veroorzaakt door Duitse orders, een zich uitbreidende Nederlandse overheid en een stabiel productieniveau van de landbouw en de dienstensector. Ook het verlies aan werkgelegenheid door het wegvallen van de export naar vele landen, behalve Duitsland en de door Duitsland bezette gebieden, kon in 1941 gecompenseerd worden. Na juni 1940 trad al een regelmatige daling in de werkloosheid in.[3] Dat kwam voor een groot deel door Duitse orders aan het Nederlandse bedrijfsleven, die eind 1940 al 14 procent van het Bruto Binnenlands Product bedroegen. Het ging hier zowel om militaire als civiele opdrachten, maar in een 'Totaler Krieg', waarnaar de oorlog zich snel ontwikkelde, maakte dat eigenlijk niet zoveel uit. Een Nederlands bedrijf dat halffabrikaten aan de Duitsers leverde, wist nauwelijks (en wilde dat waarschijnlijk ook niet weten) of die halffabrikaten in de wapenindustrie werden gebruikt of ergens anders. Een Nederlandse fabrikant die tandpasta aan een Duitse firma leverde, wist natuurlijk niet of die tandpasta voor Duitse soldaten was bestemd.

In Nederland, maar ook in de andere bezette gebieden, werd door Berlijn gepoogd alle Duitse orders via de *Zentralauftragstelle* (*Zast*) te laten lopen, om overzicht te behouden en prijsopdrijving te voorkomen. Aan militaire bestellingen diende voorrang te worden gegeven, al liep dat weer via de *Rüstungsinspektion*. De lijsten met bedrijven die via de *Zast* met de Duitsers handelden, zijn bewaard gebleven.[4] Daarin valt af te lezen dat in de periode 1941-'42 maar liefst 1500 Amsterdamse bedrijven in meer of mindere mate zaken deden met de vijand.

Otto Frank had als directeur van Opekta (handel in pectine) en van Pectacon (handel in en fabricatie van chemische producten en levensmiddelen) vanaf de herfst van 1940 direct te maken met de anti-joodse maatregelen van de bezetter.[5] Grote en middelgrote 'joodse' bedrijven werden geariseerd, verkocht of beheerd door Duitsers of Nederlandse nazi's. Kleine bedrijven werden onder beheer gesteld om daarna zonder meer geliquideerd te worden. Om onder de arisering of liquidatie uit te komen, werden tal van constructies bedacht. Een ervan was het – tijdig – oprichten van een 'niet-joods' bedrijf, gedreven door niet-joodse vrienden of kennissen, dat vóór de aanmeldingsdatum van 'joodse' bedrijven alle activiteiten had overgenomen. Daartoe werd op 23 oktober 1940 *La Synthèse* opgericht, een half jaar later omgedoopt in N.V. Handelsvereniging Gies & Co, inderdaad een schuilfirma van vrienden, namelijk Kugler en Gies. Het was de bedoeling dat Pectacon hierin tijdig zou zijn opgegaan, zodat de Duitsers hier geen greep op zouden kunnen krijgen. De Duitsers doorzagen evenwel de bedoeling van Otto Frank, en er werd een bewindvoerder aangesteld om Pectacon te liquideren. Dat werd mr. K.O.M. Wolters, advocaat en procureur in Amsterdam, een actieve NSB'er die bij maar liefst negentien joodse bedrijven als bewindvoerder en liquidateur optrad. Overigens verbleef deze jurist liever aan het Oostfront, waarvoor hij begin 1943 militair werd opgeleid. Bij Opekta liep de bewindvoering anders, want hier trad het moederbedrijf *Pomosin* in Frankfurt als beschermer op. Niet als beschermer van Frank, dat spreekt, maar om te voorkomen dat een Nederlandse concurrent het bedrijf zou overnemen.

Zolang er nog grondstoffen waren (in 1942 leverde de *Pomosin Werke* uit Frankfurt 120 vaten pectine en in 1943 30.700 flesjes pectine), bleven Pectacon, zij het onder andere namen en Opekta doorwerken; formeel was Frank rond 1941 geen eigenaar of directeur meer van de firma's, die net als veel andere firma's aan Duitse instanties leverden. Hoeveel er werd geleverd en aan welke instanties, is onduidelijk. Op de al eerder genoemde *Zast*-lijsten – die de periode 1941-1944 beslaan en na de oorlog opgesteld zijn door de Economische Recherchedienst – komen de bedrijven van Frank niet voor.[6] Dat de *Wehrmacht* niettemin een van die instanties was waaraan geleverd werd, was al eerder bekend. In haar herinneringen die Miep Gies (in samenwerking met Alison Leslie Gold) in 1989 uitgaf, is het volgende te lezen: 'Onze vertegenwoordigers doorkruisten Nederland en bleven bestellingen binnenbrengen op de Prinsengracht. Sommige van die bestellingen kwamen van Duitse legerplaatsen in het land.'[7] En Miep Gies schrijft ook dat een van de vaste klanten een Duitse chef-kok was, die voor Duitse soldaten moest koken: 'Hij betaalde altijd contant en vertelde Koophuis [= Kleiman] dat als we geen voedsel konden krijgen, we bij hem moesten komen.' Dat was helemaal in Kampen. In januari 1945 vertrok Miep Gies per fiets naar de kok en kon met voedsel terugkeren naar Amsterdam.[8]

Van Maaren noemt in zijn verhoor van 2 februari 1948 'de Duitse soldaat uit Naarden, ss-er, waaraan geleverd werd en waar Mevr. Gies en Mevr. Brokx naar toe gingen in Kampen om levensmiddelen te halen'. Even later verklaarde hij: 'Het bedrijf leverde gedurende de bezetting veel aan de Wehrmacht door bemiddeling van makelaars.'[9]

In de winst- en verliesrekeningen van Opekta over 1942, 1943 en 1944 komen echter geen *directe* leveranties aan de *Wehrmacht* voor. Uit het orderboek van Pectacon blijkt dat er op 19 september 1940 peper en nootmuskaat (in totaal 1500 kilo) is geleverd aan het *Wehrmacht Verpflegungsamt* in Den Haag. Deze verzorgingscompagnie hield zich onder andere bezig met voedselaankoop voor de *Wehrmacht*. Een andere keer is duidelijk dat het bedrijf waaraan geleverd werd, namens de *Wehrmacht* inkocht of eraan doorverkocht. Dat betreft de nv Sunda Compagnie in Den Haag, waaraan volgens het Pectacon-orderboek op 5 juni 1940 verschillende goederen geleverd moesten worden. De levering moest geschieden volgens de leveringseisen die het *Oberkommando der Wehrmacht* (okw) had vastgesteld, maar Otto Frank-biografe Carol Ann Lee maakt ervan dat Frank via tussenpersonen goederen had geleverd aan het *Armee Oberkommando*, 'geleid door Hitler persoonlijk'.[10] In de Amerikaanse uitgave van haar boek is Hitler verdwenen, maar het okw speelt nog zijn dreigende rol. Hoevéél er in totaal aan Duitse ondernemingen of de Wehrmacht is geleverd, zal niet meer te achterhalen zijn.

# 5

# Drie verdachten

Opekta-werknemer Wim van Maaren is jarenlang de enige serieuze verdachte geweest van het verraad van de onderduikers aan de Prinsengracht 263. Sinds enkele jaren zijn daar twee verdachten bijgekomen: Lena Hartog-Van Bladeren (in 1998) en Tonny Ahlers (in 2002).

Het onderzoek naar het verraad concentreerde zich vlak na de oorlog, in de jaren 1963-'64 en ook nog in de eerste helft van de jaren tachtig geheel rond de gang van zaken tijdens de inval van de Duitsers en met name het gedrag van de magazijnbediende Van Maaren.[1]

## Van Maaren

Van Maaren was in het voorjaar van 1943 in dienst gekomen. Hij werd al vóór de inval gewantrouwd, omdat hij verdacht werd van diefstallen uit het magazijn en omdat hij probeerde na te gaan wie er 's avonds in het magazijn kon zijn geweest. De onderduikers en hun helpers vreesden dat hij vermoedde dat er wat aan de hand was en dat hij ze zo wilde betrappen. Ook het feit dat hij van ss-*Oberscharführer* Silberbauer, de leider van de groep die de inval deed, de sleutel van het gebouw kreeg en daarna de facto als bedrijfsleider werd aangesteld, maakte hem verdacht. Deze functie oefende hij uit tot de terugkeer van Johannes Kleiman, die Opekta-directeur was geworden en als medeplichtige tijdens de inval was gearresteerd. Kleiman was opgesloten geweest in kamp Amersfoort, maar werd op 18 september 1944 vrijgelaten op voorspraak van het Nederlandse Rode Kruis, omdat hij een maagbloeding had gekregen. Kort na de bevrijding schreef Kleiman een brief naar de Politieke Opsporingsdienst (POD) om diefstalletjes en andere kleine vergrijpen van Van Maaren aan te geven, en te vermelden dat deze geweten zou hebben dat er joden verborgen waren geweest. 'Op mijn vraag of hij geweten had dat er bij [ons] mensen verborgen waren antwoordde hij alleen een vermoeden gehad te hebben,' schreef Kleiman. De brief eindigde met de vraag of er voldoende aanleiding was om Van Maaren (en de tijdelijke magazijnkracht Lammert Hartog) aan de tand te voelen.

Er gebeurde twee jaar niets met de gegevens uit deze brief, waarop Otto Frank eind juni of begin juli 1947 een bezoek bracht aan de Politieke Recherche Afdeling (PRA; per 1 januari 1946 was dat de opvolger van de POD) in Amsterdam. Begin 1948 werden dan eindelijk de eerste getuigen verhoord. Kleiman vertelde over de binnenvallende politiemannen: 'Zij bleken van de situatie volkomen op de hoogte, want zij begaven zich direct naar de schuilplaats.'[2] Hoewel Kleiman er zelf niet bij was geweest, want hij was beneden gebleven, werd op dit punt niet doorgevraagd. Verder zei hij van de heer P.J. Genot (werkzaam bij een ander bedrijf waaraan Kleiman verbonden was) te hebben gehoord dat mevrouw Lena Hartog-van Bladeren, die gedurende korte tijd werkster was bij Pectacon, aan Anna Genot-Van Wijk had verteld dat er joden op Prinsengracht 263 ondergedoken zaten. Mevrouw Genot-Van Wijk had gereageerd dat men voorzichtig moest zijn met dergelijke praatjes.

De heer en mevrouw Genot-Van Wijk, die op 10 maart 1948 gehoord werden, bevestigden wat Kleiman had gezegd. Het bleek nu ook dat Genot zelf verschillende keren op Prinsengracht 263 was geweest en zo ook Van Maaren had leren kennen. Zij achtten Lammert Hartog niet tot verraad in staat. Genot vond Van Maaren 'een zeer vreemdsoortig persoon en ik wist niet wat ik aan hem had'. Lammert Hartog vertelde tien dagen later aan de PRA dat Van Maaren hem twee weken vóór de inval

# N.V.
# NEDERLANDSCHE OPEKTA MIJ.
## AMSTERDAM C
~~SINGEL 400~~

TELEFOON 37059 · GIRO 195413 · BANKIERS: AMSTERDAMSCHE BANK · AMSTERDAM

*Nieuw adres:*
PRINSENGRACHT 263
TEL. 37059, AMSTERDAM-C.

16 Juli 1947

Aan de P. R. A.,
gebouw Hirsch,
A m s t e r d a m , C.

t.att. van den Heer Mr. Engels.

Mijne Heeren,

Naar aanleiding van eenige weken geleden te Uwen kantore plaats gehad hebbend onderhoud van onze Heer Frank met een Uwer over- handigen wij U hierbij een afschrift van een brief die door onze Heer Kleiman circa Februari 1945 aan de P.O.D. te Amsterdam werd gezonden.
Teen wij eenige tijd van de P.O.D. geen inlichtingen kon- den krijgen over dit onderzoek, hebben wij ons gewend tot de Nationale Veiligheid, gebouw Drie Koningen, Alhier We spraken daar met den recher- cheur ,de Heer Wielinga?. Een afschrift van bijgesloten brief hebben wij ook hem ter hand gesteld. Bij inzage van een foto.dossier van S.D. re- chercheurs hebben wij aangewezen de rechercheurs Grimhuis en Grooten- dorst als zijnde tegenwoordig geweest bij de arrestatie. Beiden zijn uit de gevangenis Amstelveenscheweg voorgeleid en met ons geconfronteerd en wisten van deze arrestatie nog af. De rechercheur Kuiper, die toen in Haren gedetineerd was, moet ook bij de arrestatie aanwezig zijn ge- weest, doch is toen niet voorgeleid. Op de vraag hoe zij aan ons adres waren gekomen of van wie de inlichtingen waren ontvangen konden zij niet mededeelen. Zij gaven voor dat Oberscharfuehrer Silberbauer uit de Euterpestraat hen requireerde en dat zij mede moesten naar ons adres. Silberbauer is echter nooit meer in Nederland voorgeleid. Deze is na 4 September 1944 naar het Oosten des lands vertrokken, moet toen een auto-ongeluk hebben gehad en later naar Weenen zijn vervoerd. Na geruimen tijd, toen wij ook niets meer van Nationale Veiligheid ver- namen hebben wij nog eens geinformeerd en deelde inspecteur Wielinga mede, dat ze wegens onvoldoende bewijsmateriaal van Haren niet hebben kunnen pakken en het onderzoek hierom was doodgeloopen.

Vooropgesteld dat Silberbauer nog in leven is, is het onbegrij- pelijk dat deze nimmer naar Holland is overgebracht, aangezien hij toch een belangrijke rol heeft gespeeld in het ophalen van joodsche en andere onderduikers. Hoevele nog onbekende verraders zou deze man nog kunnen aanwijzen.?

Voor de goede orde deelen wij U nog mede, dat van de 8 jood- sche onderduikers alleen de heer Frank is teruggekomen en de 7 anderen in de moordkampen zijn omgekomen.

Wij hopen dat de U hier verstrekte inlichtingen aanleiding mogen zijn, deze zaak nog eens ter hand te nemen en staan met alle ge- wenschte inlichtingen gaarne tot Uw dienst.

Hoogachtend,
N.V.Nederlandsche Opekta Maatschappij.

Brief Kleiman aan PRA, 16 juli 1947 (Nationaal Archief)

verteld had dat er joden waren verstopt. Hij meldde ook dat de politiemensen die binnenvielen 'niet zochten naar ondergedoken Joden, maar als het ware volkomen op de hoogte met de situatie waren'. De rechercheurs vergaten helaas door te vragen hoe hij dat wist. Het is goed mogelijk dat de SD'ers zich niet van de wijs lieten brengen door een boekenkast aan het einde van een gang; op meerdere plaatsen zullen onderduikers op zo'n manier de toegang tot hun schuilplaats hebben proberen te camoufleren.

Victor Kugler, procuratiehouder bij Pectacon en mét Kleiman gearresteerd bij de inval, verklaarde 14 januari 1948 slechts: '[wij] verdenken een zekere Van Maaren.' Er werd niet doorgevraagd over de inval, waar hij wél direct bij aanwezig was geweest.

Miep Gies was destijds eigenlijk de belangrijkste getuige; zij was met Van Maaren achtergebleven toen de gearresteerden waren afgevoerd en zij had óf de sleutels aan Van Maaren moeten afdragen óf Silberbauer had die van haar afgenomen en aan Van Maaren gegeven. Uit haar verhoor bleek dat ze Van Maaren verdacht van goede relaties met de SD; hij zou namelijk Silberbauer ervan weerhouden hebben ook haar te arresteren.[3]

Miep Gies was ongetwijfeld niet gelukkig met het feit dat een eenvoudige magazijnbediende, door toedoen van de Duitsers, haar baas was geworden. Toch lijkt deze gang van zaken achteraf gezien wel logisch, want waarom zou Silberbauer het bedrijf aan Miep Gies hebben toevertrouwd? Miep had naar zijn mening haar Oostenrijkse moederland verraden en haar man behoorde volgens Silberbauer ook tot de jodenhelpers.[4] Dat Silberbauer de mannelijke – dat was toen zonder twijfel van belang – magazijnbediende Van Maaren, die ook nog eens 14 jaar ouder was, als beheerder aanstelde, hoeft dus niet in het nadeel van Van Maaren uitgelegd te worden. Toen Kleiman eind oktober weer de touwtjes in handen nam, verzette Van Maaren zich niet; was hij een SD-vriend geweest, dan had hij Kleiman als 'jodenknecht' bij de sd kunnen zwartmaken om zijn mooie baantje te houden. Maar dat deed hij niet.

De pra bekeek vervolgens het verzamelde materiaal en concludeerde in de 'Staat van Inlichtingen': 'Het verraad wordt door de verdachte ontkend en de aanwijzingen zijn zeer vaag. Het bewijs is derhalve niet geleverd kunnen worden.' Op 22 mei 1948 werd de zaak geseponeerd en een half jaar later volgde een voorwaardelijke buitenvervolgingstelling van Van Maaren, maar wel onder de voorwaarde dat hij drie jaar onder toezicht gesteld zou worden van de Stichting Toezicht Politieke Delinquenten en dat hij tien jaar lang geen ambten mocht bekleden of in militaire dienst mocht. Daarnaast verloor hij voor die periode het actief en passief kiesrecht. Van Maaren ging met succes in verzet tegen deze gang van zaken. Op 13 augustus 1949 ging hij geheel vrijuit, omdat de kantonrechter het verraad niet bewezen achtte; deze verklaarde de beschuldiging tevens vervallen.

In oktober 1963 kwam naar buiten dat de sd'er die bij de inval op de Prinsengracht de leiding had gehad, Silberbauer, op dat moment werkzaam was bij de Weense politie. Het dagboek van Anne Frank was inmiddels wereldberoemd en de verraadvraag kwam weer naar boven. De Rijksrecherche te Amsterdam stelde een nieuw onderzoek in.

Dit gebeurde grondiger dan eind jaren veertig, en de rechercheurs waren professioneler dan toen. Kleiman en Hartog waren inmiddels gestorven en Kugler was naar Canada geëmigreerd. De andere getuigen werden opnieuw gehoord, benevens Silberbauer en J.J. de Kok, die in 1943 enkele maanden als assistent van Van Maaren had gewerkt. De Kok gaf toe dat er door de laatste diefstallen waren gepleegd en dat hij er zelf bij betrokken was geweest. Maar van enige nationaal-socialistische sympathie had hij bij Van Maaren niets bemerkt. Bep Voskuijl, de jongere collega van Miep Gies, werd gehoord, maar zij vertelde alleen dat ze altijd bang voor Van Maaren was geweest.

Miep Gies was vanzelfsprekend weer een belangrijke getuige. Haar eindverklaring bij haar verhoor week niet veel af van wat al eerder door anderen was geuit:

> Alleen door het onsympathieke gedrag van eerder genoemde Van Maaren en het contact, dat ik na hun bevrijding had met de heren Kleiman en Kugler was voor mij aanleiding om in deze enigermate te denken in de richting van Van Maaren, zonder dat ik echter in staat ben U voldoende feiten en omstandigheden te kunnen mededelen, op grond waarvan U een verdenking tegen hem verder zoudt kunnen uitwerken.[5]

Willy Lages, die nog een levenslange gevangenisstraf uitzat in de strafgevangenis in Breda (al werd hij in 1966 vrijgelaten en overleed hij vijf jaar later), werd gehoord, maar wist niets zinnigs te vertellen. Daarna werd zijn vroegere ondergeschikte Silberbauer gehoord. Deze vertelde op de bewuste dag op de *Aussenstelle* door Dettmann gebeld te zijn, die hem meedeelde een telefonische tip over acht joden op de Prinsengracht 263 gekregen te hebben. Dettmann zou ook Kaper opgedragen hebben met acht man naar de Prinsengracht te gaan, maar het werd Silberbauer met een aantal collega's. Volgens Silberbauer hadden ze bij aankomst tegen de 'Firmenchef' (Kugler) gezegd dat ze wisten dat er joden verborgen waren en had hij hen direct naar de boekenkastdeur gebracht. Silberbauer ontkende dat Miep Gies bij hem was geweest, maar achtte het niet uitgesloten dat Van Maaren hem een paar keer had bezocht. Als laatste was Van Maaren zelf aan de beurt. Hij gaf nu wel de diefstallen toe, maar niet dat hij wist dat er joden waren verborgen. Er heerste volgens hem wel 'een soort van geheimzinnigheid' vóór de arrestatie. Het was Miep Gies en niet Silberbauer die hem de sleutels had gegeven en de laatste had hem zeker niet als *Verwalter* aangesteld. Er werd nu meer naar de achtergrond van Van Maaren gevraagd, en er werd ook in zijn woonomgeving navraag gedaan. Uit alles bleek dat hij weliswaar als 'financieel onbetrouwbaar' te boek stond, maar zeker niet als pro-Duits of nazistisch werd aangemerkt. Voor het verhaal van een buurman dat Van Maaren voor de *Wehrmacht* inkoper was, kon de recherche onvoldoende bewijzen geleverd krijgen.

Van Maaren werd door justitie verder ongemoeid gelaten.

### Hartog-van Bladeren

De eerste serieuze biografie over Anne Frank verscheen in 1998 van de hand van Melissa Müller. In haar boek *Anne Frank. De biografie* komt zij met een andere verdachte van het verraad: Lena Hartog-van Bladeren, de echtgenote van Lammert Hartog. Hij was van het voorjaar 1944 tot augustus 1944 magazijnknecht bij Opekta geweest. De broer van Kleiman had een schoonmaakbedrijf; zij werkte als schoonmaakster voor dat bedrijf en maakte ook schoon op Prinsengracht 263. Lena ontkende tijdens een naoorlogs verhoor dat zij ooit op de Prinsengracht 263 had gewerkt, maar Miep Gies stelde dat dat wel degelijk het geval was. Zij gaf immers Bep Voskuyl het geld dat deze weer aan de werkster Lena moest betalen. Lammert Hartog had zijn werk daar te danken aan de broer van Kleiman.

'Het is zeker dat Lammert Hartog zijn vrouw Lena over de verstopte joden heeft verteld', schrijft Müller.[6] Volgens Müller maakte Lena zich ernstig zorgen over de veiligheid van haar man en haar zoon Klaas. Voor haar man, omdat hij ergens werkte waar joden ondergedoken waren. Maar ook voor haar zoon, die dankzij de verplichte *Arbeitseinsatz* in de buurt van Berlijn werkte, maar die per 22 augustus 1944 vrijwillig bij de *Kriegsmarine* diende. Daarom is het volgens Müller aannemelijk dat Lena Hartog de persoon is geweest die op 4 augustus 1944 de Duitsers belde om de joden op Prinsengracht 263 aan te geven. Dit past ook bij de 'hardnekkige geruchten' die over een vrouwelijke stem spraken. Müllers commentaar op de verhoren in 1948 sluit aan bij dat in de inleiding op *De Dagboeken*

*van Anne Frank.* Vanwege de geringe kwaliteit van het politie-
onderzoek in 1947/1948 vermoedt zij dat Lena nooit door de
mand is gevallen. Omdat Lena 10 juni 1963 overleed, kon ze niet
meer voor een tweede keer verhoord worden.

## Ahlers

In 2002 ontvouwde de (nu in Amsterdam woonachtige) Engelse
onderzoekster Carol Anne Lee de derde en jongste theorie over
het verraad van de onderduikers aan Prinsengracht 263. Vier
jaar eerder had zij een biografie van Anne Frank gepubliceerd,
*Pluk rozen op aarde en vergeet mij niet. Anne Frank 1929-1945,* en
in 2002 volgde *Het verborgen leven van Otto Frank.* Deze omi-
neuze titel dekt voor een deel de lading van haar boek: Otto
Frank zou tot aan zijn dood in de greep zijn geweest van zijn
eigenlijke verrader. Toch omvat de titel niet de héle inhoud van
haar boek, want *Het verborgen leven van Otto Frank* heeft het
karakter van een dubbelbiografie: zowel het leven van Otto
Frank als dat van zijn vermeende verrader Tonny Ahlers worden erin beschreven. Vanuit de opzet van Lee is dit zeker ver-
dedigbaar, want volgens haar hebben hun levens veel met elkaar
te maken gehad: 'they had a history together'.[7] Wat was volgens
Lee het geval?

In maart 1941 had op het Amsterdamse Rokin een kort gesprek plaatsgevonden tussen Otto Frank en J.M. (Joseph) Jansen over het verloop van de oorlog. Deze Jansen was voorheen
onder meer standbouwer van Franks bedrijf Opekta geweest en
was gehuwd met een demonstratrice van datzelfde bedrijf.
Frank uitte tegenover Jansen zijn twijfels over de Duitse kansen
op een overwinning.[8]

De volgende maand, op 18 april 1941, liet een zekere A.C.
(Tonny) Ahlers zich op het kantoor van Frank aandienen. Hij
en Frank kenden elkaar niet. Ahlers had een brief bij zich die
Jansen aan de leiding van de NSB had geschreven, met het
verzoek die door te geven aan de SS. Ahlers liet Frank de brief

lezen. Die herkende Jansens handschrift. In die brief verhaalde Jansen over het gesprek in maart. Ahlers (NSB'er sinds de zomer van 1940 en sedert oktober 1940 lid van de radicalere NSNAP[9]) zou die brief hebben onderschept, waarbij onduidelijk is gebleven hóe dat kan zijn gebeurd. Frank gaf Ahlers een geldbedrag en daarna nog eens. Nadien verklaarde Frank Ahlers gedurende de oorlog nooit meer te hebben gezien.[10] Dit laatste nu is volgens Lee niet waar, integendeel: 'Volgens Ahlers was die eerste ontmoeting in het privé-kantoor van Otto de eerste van zijn geregelde bezoeken.'[11] In de Engelse en Amerikaanse edities van Lee's boek is deze zin aangevuld tot: 'According to Ahlers and other witnesses, that first meeting in Otto's private office was the start of regular visits.'[12]

De verraderlijke brief van Jansen is niet bewaard gebleven. Ahlers had hem bij Frank achtergelaten. Die liet hem lezen aan Kugler en aan Miep, nadien ook aan zijn advocaat Dunselman. Deze maakte enige notities, borg de brief op en vernietigde hem later.[13]

De 'highly anti-Semitic'[14] Ahlers was gedurende de oorlog kind aan huis bij de SD in Amsterdam. Dankzij deze dienst betrok hij in november 1943 een huis, voorheen bewoond door joden, vlakbij het kantoor van de SD-Aussenstelle in Amsterdam-Zuid. Hij woonde daar temidden van allerhande SD'ers (Döring, Rühl, Viebahn) en een Abwehr-agent (Rouwendal), en werkte enige tijd voor de door de Duitsers aangestelde beheerder van Franks bedrijf, mr. Wolters. Eerder al, in 1941, had Ahlers een eigen bedrijfje in suikerproducten en -grondstoffen opgericht. Voor dit Wehrmacht Einkauf Büro PTN (Petoma) had Ahlers toeleveranciers nodig. Die vond hij – volgens zijn weduwe – in de persoon van Otto Frank. Eerst kreeg Ahlers geld in ruil voor het stilzwijgen over de brief van Jansen; naderhand zou Frank hem grondstoffen voor zijn zaak hebben geleverd.[15] Hoelang en hoe die leveringen plaatsvonden, 'is niet duidelijk'.[16] Wellicht door zijn werk op het kantoor van Verwalter Wolters wist Ahlers van het juridische rookgordijn dat

Frank in 1940-'41 rond de 'ontjoodsing' van zijn bedrijven had moeten leggen.[17]

In 1963/1964 gaf Ahlers tevens te kennen dat hij zou hebben geweten van Wehrmacht-leveranties door de bedrijven van Otto Frank.[18] Hij schreef toen voorts dat hij Frank zou hebben 'toegestaan' onder te duiken.[19] Met Ahlers' kennis van die leveranties aan de Wehrmacht zou Frank ook ná de oorlog chantabel zijn. En Ahlers zou daar (volgens zijn familie) tot ver na de oorlog gebruik van hebben gemaakt.

Eén maand na de Duitse capitulatie werd Ahlers in hechtenis genomen. Hij werd er onder meer van verdacht als informant voor de SD te zijn opgetreden.[20] Otto Frank kwam na zijn terugkeer uit Auschwitz – volgens Lee – opnieuw in contact met Ahlers: in juli 1945 schreef Frank tot tweemaal toe de naam 'Ahlers' in zijn zakagenda. Lee stelt dat hij toen Ahlers in de Scheveningse gevangenis 'moet' hebben bezocht,[21] maar zwakt dit in de Engelse editie van haar boek[22] af tot 'presumably so', en tekent tussen haakjes aan dat het contact ook via Ahlers' vrouw kan zijn verlopen.[23] De volgende maand, op 21 augustus 1945, schrijft Frank aan het Bureau Nationale Veiligheid een voor Ahlers ontlastende brief over hun ontmoeting in april 1941. In november 1945 herhaalt hij dit tegenover een onbekende adressant.[24]

Volgens Lee had Ahlers Otto Frank in zijn greep: hij wist immers van de leveringen aan de Wehrmacht, van het – gedwongen – ontslag van een joodse medewerkster van Opekta, van NSB'ers die er in dienst waren gebleven, van de winst in oorlogstijd en van het feit dat Frank een stateloze 'Duitser' was, wat tot confiscatie van zijn bedrijf vanwege zijn 'vijandelijke nationaliteit' aanleiding zou hebben kunnen geven.[25]

Deze situatie wordt nog erger wanneer men bij Lee leest dat Ahlers niet alleen de afperser, maar bovendien – indirect – de verrader van Otto Frank is geweest. Toen in 1963 het verraad van met name Anne Frank in de pers kwam door de aanhouding van de Oostenrijkse oud-SD'er Silberbauer, stuurde Ahlers aan de Weense justitiële autoriteiten een brief waarin hij onder meer stelde: 'Otto Frank werkte tijdens de oorlogsjaren samen met nationaal-socialisten en kan absoluut niet als voorbeeld dienen van wat zijn geloofsgenoten hebben doorstaan met nazi-Duitsland.'[26] Ook aan Silberbauer zelf schreef Ahlers een brief.[27] Uit die brieven blijkt dat Ahlers aan Frank heeft 'toegestaan'[28] onder te duiken en dat – volgens Lee – Ahlers wist dat Frank zijn achterhuis als schuilplaats gebruikte.[29] Dat Prinsengracht 263 een achterhuis herbergde, had Ahlers gezien tijdens zijn bezoek aan Frank in april 1941.[30] Verder woonde zijn moeder in 1938 aan de Prinsengracht op nummer 253 (1-hoog), ook een huis met een achterhuis;[31] Ahlers had daar 'for several months' ingewoond.[32]

In de nazomer van 1944 ging het Ahlers niet voor de wind: zijn bedrijf ging failliet,[33] hij had niets meer aan de leveringen door Franks bedrijf, hij verkeerde in geldnood en kon de premie die hij voor het aanbrengen van een jood zou krijgen goed gebruiken. Alhoewel Ahlers in april 1944 naar Nieuwer-Amstel (Amstelveen) was verhuisd,[34] vreesde hij *Abwehr*-agent Herman Rouwendaal, die in Amsterdam bij hem in huis een kamer had gehuurd. Ahlers zocht bescherming bij de *Sicherheitsdienst* en wilde daartoe bij deze dienst in een goed blaadje komen.[35] Met een slag om de arm geeft Lee aan dat zij 'meent'[36] dat al deze omstandigheden tezamen, gevoegd bij Ahlers antisemitisme, hem ertoe hebben gebracht aan vriend en voorbeeld, de SD'er Maarten Kuiper, over de situatie aan Prinsengracht 263 te vertellen. Die belde Dettmann.[37] Volgens Ahlers' broer Cas zou Tonny Ahlers zélf met Dettmann hebben getelefoneerd,[38] die daarop Kaper van IVB4 belde. Kaper stuurde Silberbauer *c.s.* naar het opgegeven adres. Het telefoontje aan de SD zou dan niet van Ahlers zelf zijn geweest, de verraderlijke informatie was dat wél.

In december 1945 zoekt Otto Frank nog naar de verrader van zijn gezin en medeonderduikers.[39] In diezelfde maand komt hij erachter dat Ahlers anderen wél heeft verraden en wil 'niets meer met hem te maken hebben'.[40] Of Frank ooit Ahlers verdacht heeft van het verraad van Prinsengracht 263, lijkt twijfelachtig.[41] Naderhand stelt hij geen prijs meer op de aanhouding van de verrader. Volgens de brieven die Ahlers in de jaren zestig verstuurde, is dat omdat Frank zelf veel te verbergen had.[42] Ahlers had daar weet van en volgens Lee's bronnen in 2002 gebruikte hij zijn kennis om Frank na diens verhuizing naar Zwitserland in 1952 af te persen.[43] In de derde versie van haar boek, de Amerikaanse editie uit 2003, komt Lee tot de slotsom dat deze chantage in het midden van de jaren zestig is begonnen, omdat Frank in 1958 nog van mening was dat Ahlers hem in 1941 het leven had gered en omdat Ahlers zijn beschuldigende brieven vanaf 1963 naar Wenen verzond.[44] Vervolgens zou dit tot de dood van Otto Frank in 1980 hebben voortgeduurd.[45]

Deze laatste revelatie ontbreekt nog in Lee's eerste (Nederlandstalige) boek over *Het verborgen leven van Otto Frank* dat in maart 2002 verscheen. Na die publicatie hebben zich namelijk verscheidene getuigen vanuit de familie Ahlers bij Lee gemeld. Vanzelfsprekend heeft zij hun herinneringen verwerkt in de latere edities van haar boek: de Engelse publicatie uit de herfst van 2002 en nog weer later de Amerikaanse uit begin 2003.[46] In deze en de volgende paragrafen verwijzen wij niet steeds naar alle drie boekpublicaties; waar relevant doen we dat uiteraard wel. Dit voorbehoud is van belang omdat Lee het verschijnen van nieuwe edities heeft aangegrepen om haar oorspronkelijke tekst en betoog aan te passen. Dat zij van die gelegenheid gebruik heeft gemaakt, spreekt vanzelf. Dat Lee's Nederlandstalige tekst op zich weer een vertaling is van haar oorspronkelijke Engelstalige manuscript doet niet ter zake, omdat het Nederlandse boek nu eenmaal enkele maanden vóór het Engelse is verschenen. In een 'Afterword' bij dat Engelse boek doet Lee verslag van haar onderzoekingen ná het verschijnen van haar Nederlandse boek.[47] In de recente Amerikaanse versie zijn deze grotendeels in de tekst zelf geïncorporeerd.[48]

# 6

## Zijn de verdachten schuldig?

Bij eigentijdse geschiedenis is vaak niet het grootste probleem dat er zo weinig historisch materiaal is, maar dat er juist zoveel is, vaak te veel om op te noemen. Bij dit onderzoek geldt dat niet; integendeel, de bronnen zijn schaars en spreken elkaar ook tegen. De schaarste aan bronnen komt onder andere door het bombardement van 19 november 1944 van de *Zentralstelle*, die toen deels dienst deed als archiefopbergplaats, en door het feit dat de SD hoogstwaarschijnlijk al in september 1944 incriminerende stukken heeft vernietigd. Het grootste gedeelte van wat tot ons komt, is afkomstig uit naoorlogse verhoren van SD'ers en andere betrokkenen. Betrouwbaarheid van getuigen of daders en de professionaliteit van de ondervragers speelt een grote rol. In de verhoren met de SD'ers komt de naam van Anne Frank niet voor; vanzelfsprekend zou je zeggen, want ze was toen nog niet beroemd, maar bij de verhoren na de ontdekking van Silberbauer natuurlijk wel. Maar deze lieden hadden natuurlijk ook veel te verbergen en schoven de verantwoordelijkheid graag op de schouders van een collega. Over specifieke zaken komt weinig naar voren, omdat de daders meestal blijven ontkennen. De algemene gang van zaken komt wel duidelijk uit de verf, hoewel bijvoorbeeld de hoogte van het betaalde *Kopfgeld* sterk wisselt, zoals hiervoor bleek. Dat laatste kan van belang zijn, want het speelt een rol bij het eventuele verraad door Ahlers. Bij de verhoren van 1948 van de direct betrokkenen valt het te betreuren dat er niet dóórgevraagd is, want sommige verhalen komen duidelijk uit de tweede hand.

Als de verschillende thesen doorgenomen worden, kunnen de volgende analyses gemaakt worden.

## Van Maaren

Van Maaren, hoe weinig geliefd ook in zijn omgeving, had zoals bleek geen Duitse of nazi-sympathieën, en van antisemitisme gaf hij evenmin blijk. Dat zijn diefstallen de bewoners van het achterhuis en hun helpers achterdochtig én angstig maakten, ligt voor de hand, maar de direct betrokkenen, de helpers, konden geen feiten aandragen die op verraad wezen. De recherche vond dat ook. Opmerkelijk is dat Van Maaren na zijn voorwaardelijke invrijheidstelling zélf in verzet gaat, met als gevolg dat hij geheel vrijgesproken wordt. Zou hij werkelijk de dader zijn geweest en (indirect) zeven doden op zijn geweten hebben, dan zou hij wel tevreden zijn geweest met de voorwaardelijke invrijheidstelling. Toen in 1963 de zaak opnieuw in behandeling werd genomen, kwam er weinig nieuws boven.

Op 4 november 1964 werd het dossier-Van Maaren door de Rijksrecherche gesloten en naar de Officier van Justitie gestuurd. In de begeleidende brief stond 'dat het onderzoek niet heeft kunnen leiden tot enig concreet resultaat'. Rechercheur A.J. van Helden noemde vervolgens ook nog vijf ontlastende factoren: 1) Van Maaren weigerde uit principe steun van de nationaal-socialistisch getinte Winterhulp-Nederland, die het monopolie op liefdadigheid had; 2) Van Maaren kende de onderduikers niet, zodat de factor rancune ontbrak; 3) Van Maaren zat financieel aan de grond, maar van een (verraad)vergoeding blijkt niets; 4) Van Maaren heeft geholpen delen van Annes dagboek in veiligheid te brengen, terwijl hij het gemakkelijk aan de SD had kunnen geven, en 5) Van Maaren werd door ex-verzetsmensen uit zijn buurt niet sympathiek gevonden, maar hij leek hun tegelijk geen verrader van ondergedoken joden. En hoewel hij wist van verzetsactiviteiten in zijn buurt, had hij nooit de Duitsers ingelicht.[1]

Toch was niet iedereen van zijn onschuld overtuigd. Zo schreef Kugler nog in 1964 aan Miep Gies over Van Maaren: 'Het is erg genoeg de dood van 7 mensen op het geweten te hebben en schuldig te zijn aan de ellende van drie anderen gedurende bepaalden tijd.'[2]

Meer dan tien jaar later schreef Otto Frank in een brief dat Van Maaren niet vervolgd kon worden, 'aangezien er geen bewijzen zijn'.[3]

## Hartog-van Bladeren

Melissa Müller gaat bij haar reconstructie uit van een aantal aannames. Lammert Hartog wist twee weken vóór de inval dat er joden verborgen waren,[4] maar de bewering 'Het is zeker dat Lammert Hartog zijn vrouw Lena over de verstopte joden heeft verteld',[5] kan niet bewezen worden. Als zij zo bezorgd zou zijn over het lot van haar man, waarom zou zij dan de SD gebeld hebben op het moment dat haar man daar werkte? Deze wist in elk geval in zijn PRA-verhoor te vertellen wat zich bij de inval afspeelde, en hij bleef nog een 'dag of drie, vier' daar werken.[6] Daartegenover staat evenwel een verklaring van Kleiman, die de PRA vertelde dat Hartog 'bij de komst van de S.D. zijn jasje al aan had. Hij nam onmiddellijk de benen en wij hebben hem niet meer teruggezien.'[7]

Wat kan dit verraad te maken hebben gehad met het lot van haar zoon? Die was vrijwillig bij de *Kriegsmarine* gegaan, met als ingangsdatum 22 augustus 1944, en zij had wellicht langere tijd niets van hem gehoord. Maar toen zij zogenaamd de SD zou hebben gebeld, was er nog niets met haar zoon aan de hand. Pas zeven jaar na de oorlog wordt zijn dood officieel aangegeven in Berlijn bij het *Standesamt 1*, waarbij zijn overlijdensdatum op 'Anfang Mai 1945, Tag nicht bekannt', wordt gesteld. In die datum kan veel speling zitten, maar het is uitgesloten dat Lena in augustus 1944 de dood van haar zoon bijna negen maanden later voorzag.

Bij dit alles moet ook nog worden aangetekend dat de gewone gang van zaken bij de Euterpestraat er niet op wijst dat een telefoontje van een onbekende – wij gaan ervan uit dat Lena Hartog daar onbekend was – tot directe actie leidde.

De 'hardnekkige geruchten' dat er sprake was geweest van een vrouwenstem, zijn terug te brengen tot een mededeling van Cor Suijk, voormalig directielid van de Anne Frank Stichting en een vertrouweling van Otto Frank. Hij had dit lang geleden gehoord van Frank. Ook de weduwe van Frank, Elfriede Frank-Markovits, vertelde kort voor haar dood in oktober 1998 dat het om een vrouwelijke stem ging, en ook zij wist dat van haar man: dezelfde bron dus als van Suijk.[8] Waar Otto Frank die kennis van had, blijkt nergens uit. Suijk heeft substantieel bijgedragen aan het boek van Melissa Müller en het is voorstelbaar dat Müller met de vrouwenstem als uitgangspunt op zoek gegaan is naar een passende verdachte.

### Ahlers

Carol Ann Lee's veelomvattende theorie dwingt door de spitsvondigheid ervan zonder meer respect af. Zij koppelt volhardende speurzin aan een groot vermogen tot het leggen van verbanden. Of haar theorie valide is, is de vraag die hier aan de orde komt. Om die te beantwoorden is het ons inziens, gezien de complexiteit en de rijke gedetailleerdheid van Lee's boek, wenselijk haar theorie in drie onderdelen te splitsen: 1) Contacten van Ahlers met Otto Frank; 2) Chantage van Frank door Ahlers en 3) Verraad van Prinsengracht 263 door Ahlers.

### 1   Contacten van Ahlers met Otto Frank

#### a   Contacten april 1941

Het bezoek van Ahlers aan Otto Frank op 18 april 1941 staat vast. Frank zelf heeft er over gerapporteerd.[9] Terecht meldt Lee dat Otto Frank hiervan 'diverse lezingen'[10] heeft gegeven die op

ondergeschikte punten – bijvoorbeeld de hoogte van het bedrag – weliswaar van elkaar afwijken, maar de grote lijn is steeds
dezelfde.

### b  Contacten tijdens de rest van de oorlog

Kreeg Ahlers van Frank 'toen ze elkaar voor het eerst ontmoetten' geld in ruil voor zijn zwijgen over Jansens brief,[11] 'naderhand leverde Frank hem in plaats daarvan materiaal voor zijn
zaak'.[12] Volgens Ahlers[13] 'and other witnesses'[14] was die eerste
ontmoeting in Franks privé-kantoor zeker niet de laatste: er
zouden geregelde bezoeken[15] zijn gevolgd. Nu heeft Frank in
1945 verklaard dat het bij die ene (en wellicht nog één) ontmoeting in april 1941 gebleven is. Otto Frank schreef toen: 'verder
heb ik hem [Ahlers] niet meer gezien'.[16] Op grond van Ahlers
– en die 'other witnesses' – komt Lee tot de slotsom dat wat
Frank hierover heeft verklaard 'gelogen' is,[17] en verderop schrijft
zij dat het een 'zeldzame leugen' was.[18] In het gesprek dat Lee
op 27 september 2002 met ons had, gaf zij aan dat het hier een
vertaalfout betrof: in de Engelse tekst staat dat Frank 'was
prevaricating' (er omheen draaien of versluierend/dubbelzin-
nig);[19] de 'zeldzame leugen' is afgezwakt tot 'not the only curi-
osity' (merkwaardigheid).[20] Frank had er op zijn minst omheen
gedraaid. Zou het? Uit het verloop van de gebeurtenissen in de
zomer van 1945 wordt duidelijk dat Frank *toen* ten minste met
iemand contact heeft gehad óver Ahlers, maar of dit mét Ahlers
zelf is geweest, blijft onduidelijk. Hoe was dat nog *tijdens* de
oorlog: heeft Ahlers toen 'regular visits' aan Otto Frank gebracht?

### 'Ahlers and other witnesses'

Zoals gezegd staaft Lee haar bewering door te verwijzen naar
'Ahlers and other witnesses'.[21] Aangezien noch de Nederlandse
uitgever Balans (*Verborgen leven* 2002), noch het Engelse Vi-
king/Penguin (*Hidden Life* 2002) het boek van Lee van een
deugdelijk notenapparaat heeft voorzien, hebben wij in eerste

instantie onze toevlucht moeten nemen tot een computerprint
mét bronvermeldingen, die Lee bij de Anne Frank Stichting in
Amsterdam heeft gedeponeerd opdat geïnteresseerden haar
bronnen zouden kunnen verifiëren. Pas sinds dit voorjaar kunnen wij beschikken over een daadwerkelijk gepubliceerd bron-
nenapparaat, namelijk in de Amerikaanse editie van uitgeverij
HarperCollins (*Harper* 2003).

Voor Ahlers als bron verwijst Lee in haar computerprint naar
diens brief van 20 december 1964;[22] in de Amerikaanse editie
wordt geen bron vermeld.[23] Naar Lee ons meedeelde, is het een
brief van Ahlers uit 1966 aan het Nederlandse weekblad *Revue*.[24]

### Ahlers' brieven uit 1963, 1964 en 1966

Uit de citaten die Lee afdrukt,[25] blijkt dat Ahlers' brief uit 1966
grotendeels een kopie is van de beide hierboven genoemde
brieven die Ahlers in 1963 naar Wenen, respectievelijk in 1964
aan Silberbauer stuurde.[26] Afschriften van déze brieven bevinden zich sinds de jaren zestig bij het NIOD, en omdat ze een
voorname bron van Lee vormen, citeren wij de laatste hier in
extenso:

Ik [Ahlers] heb sinds de datum 18 april 1941 Otto Frank
meermalen aan zijn adres Prinsengracht 263 (Achterhuis)
moeten bezoeken *om op onderduiken aan te dringen*. Elke
jood in die dagen dook onmiddellijk onder na een waarschuwing. Otto Frank niet. Hij leverde zijn Pectine producten aan de Duitse Wehrmacht, had NSBers in zijn dienst
met name: zijn reiziger-etaleur voor stand Jansen. Deze
Nederlandse Nationaal Socialist (NSB) was lid onder *nummer: 29992*. Zijn zoon was tevens in dienst van Frank/Opek-
ta, en o.m. werkzaam in het magazijn... In de brief van
Frank, gedateerd 21 augustus 1945, op welke datum van een
z.g. 'Achterhuis' [het boek] geen sprake was, wijst Frank
zijn medewerkers Jansen dan ook positief als zijn verraders
aan. Toen deze zaak enige maanden geleden in de wereld-

**PHOTO-PRESS** INTERNATIONAL WORLD-PRESS-RELATION AND INFORMATION

PRIVATE INQUIRY all over The World

PRIVÉ INFORMATIES en discrete opdrachten in binnen en buitenland

Orgineel/Copy schrijven
t.a.v. österr.Innenminist. Wenen
De weled.heer:
Karl Silberbauer,
Polletstr. 5,
Wenen, O.

PHONE: 19 05 61 - 020    Amsterdam,    15 januari 1964.

POSTREK 224991 - GEM. GIRO Asd. A 2669

REF

Geachte heer,

In aansluiting op Uw, heden ontvangen, retour schrijven dato 11 januari 1964 moet ik beginnen met een correctie aan te brengen in de redactie van mijn vorig schrijven op 27 december 1963;

nadat ik beide brieven naar Wenen had verzonden ontdekte ik, bij het nalezen van de copy, dat ik had geschreven ...Persoonlijk ben ik met de zaak Otto Frank en familie bekend sinds 18 april 1945... enz. enz., dit was echter een schrijffout en moet zijn: 18 april 1941. Op deze datum ben ik begonnen Otto Frank te bewegen om onder te duiken. Dit feit is m.i. belangrijker dan dan de vorige abusievelijke strekking. Ik heb sinds de datum 18 april 1941 Otto Frank meermalen aan zijn adres Prinsengracht 236 (Achterhuis) moeten bezoeken om op onderduiken aan te dringen. Elke jood in die dagen dook onmiddelijk onder na een waarschuwing. Otto Frank niet. Hij leverde zijn Pectine producten aan de Duitse-Wehrmacht, had NSBers in zijn dienst met name: zijn ...

(NIOD, Doc. 1 – Siberbauer)

pers aan de orde was heeft Otto Frank dit brutaal weg ver-
zwegen. Ik weet precies waarom. Maar niettemin laat deze
man zich 'integer' en 'representatief' noemen. De vraag is
alleen: van wat?[27]

Het lijkt erop dat de eerste zin ('meermalen ... bezoeken') voor
Lee de eerste aanwijzing is dat Ahlers en Frank ook ná april 1941
contact met elkaar hebben gehad. De inhoud van de door Ahlers
genoemde naoorlogse brief van Frank komt verderop ter sprake, evenals de intrigerende meervoudsvorm in de woorden
'medewerkers Jansen ... verraders'; het gaat ons nu vooral om
de periode tot de Duitse capitulatie.

In zijn brief uit 1966 gaat Ahlers nog een stap verder, door te
verklaren dat Otto Frank 'in ieder geval zijn wetenschap, betreffende de meest waarschijnlijke magazijnbediende/verrader Jansen junior', bekend had moeten maken. Verder meldde hij dat
Frank

de Pectine producten verkocht o.m. aan de duitse-wehrmacht. Dit aangezien de Pectine als conserveermiddel drin-
gend werd gebruikt in de duitse oorlogsindustrie. Waarvoor ook velen Ned. bedrijven waren ingeschakeld. [...]
Naar mijn bevinden kreeg Frank zijn grondstoffen rechtstreeks uit Berlijn.

Dat Opekta er niet aan ontkwam aan de Duitsers te leveren, is
hiervoor aan de orde geweest, en het klopt natuurlijk dat veel
Nederlandse bedrijven iets dergelijks deden (bijvoorbeeld
Ahlers' eigen bedrijf). Franks Opekta kreeg zijn grondstoffen
niet 'rechtstreeks uit Berlijn', maar uit een andere Duitse stad,
Frankfurt, van het moederbedrijf *Pomosin Werke*. Dat de familie Frank 'pas in juli 1942' onderdook, verklaarde Ahlers in zijn
brief door het valse gevoel van veiligheid dat Frank tot dan toe
aan de 'NSB/Wehrmacht-relatie/leverantie etc. etc.' had ont-
leend.

3. het proces-verbaal d.d. 9 December 1946 van de onbezoldigde
ambtenaar van politie Joseph Ignatius Heems (stuk nr.8)
hetwelk onder meer inhoudt als verklaring van:
a. Otto Heinrich Frank:
Ik heb de door U bedoelde Jansen leren kennen door zijn
vrouw, die voor de oorlog als demonstratrice aan mijn zaak
verbonden is geweest van 1935 tot 1936. Zo nu en dan is
Jansen mij behulpzaam geweest bij het opzetten van een
stand bij tentoonstellingen. Ik vertrouwde Jansen volkomen,
ofschoon ik uit zijn gesprekken, die ik in die tijd met
hem heb gehad, bleek, dat hij niet afwijzend stond tegenover de NSB. Ik vertrouwde hem omreden hij met een Joodse
vrouw gehuwd was. Veel liet hij zich tegenover mij niet
over de NSB uit, daar hij wist, dat ik Jood was. Na hem
in lange tijd niet ontmoet of gesproken te hebben, ontmoet-
te ik Jansen in Maart 1941 op het Rokin en ik had toen een
kort gesprek met hem en informeerde hij in een vraag aan
mij of ik nog aan de Maatschappij "Opekta" verbonden was
en of ik nog grondstoffen voor het uitoefenen van mijn bedrijf ontving. Op deze vragen antwoordde ik bevestigend.
Hierop zeide hij mij:"De oorlog is toch gauw afgelopen".
Ik gaf hem ten antwoord:"De oorlog zal niet gauw beein-
digd zijn en Duitsland zal nog veel te verduren krijgen".
Nadien heb ik Jansen niet meer gezien en ook niets meer
van hem gehoord, totdat op een zekeren dag, naar ik meen
was het op 18 April in ieder geval in 1941 na mijn gesprek
in Maart 1941, een jongeman zich op mijn kantoor aandiende
en mij te spreken vroeg. De jongeman zeide mij, dat hij
NSB.er was en vroeg mij of ik de Heer Jansen kende. Ik
vroeg hem welke Jansen, daar er zoveel die gelijkluidende
naam dragen. Hierop overhandigde de jongeman mij een
brief, en ik nam kennis van de inhoud. Ik herkende het
handschrift en zeide de jongeman, dat ik nu wist, welke
Jansen hij bedoelde. In de door Jansen eigenhandig geschreven brief welke was ondertekend met "Houzee, Jansen", lid
29992, las ik, dat hij de Jood Frank had ontmoet, die
die directeur was van de "Opekta" Maatschappij en nog aan
die Maatschappij verbonden was en dat ik mij beledigend
over de Duitse Weermacht had uitgelaten. Deze brief was
gericht aan de leiding der NSB. met het verzoek deze
brief voor verdere doorzending aan de SD. zorg te dragen.
Na het overhandigen van genoemde brief aan mij door die
jongeman, vroeg ik hem, wie hij was, waarna hij mij mede-
deelde, dat hij als koerier tussen de NSB. en de SD. dienst
deed en dat hij die brief had onderschept;

### 'A business arrangement' tijdens de oorlog

In de oorlog zouden Ahlers en Frank 'een zakelijke overeenkomst hebben gesloten, waarbij Frank leverde aan de firma van
Ahlers'.[28] Hoe deze leveranties waren georganiseerd of hoelang
zij hebben voortgeduurd 'is niet duidelijk'.[29] Zij zouden hebben
plaatsgevonden in ruil voor Ahlers' stilzwijgen over de brief van
Jansen. Als bron voor deze beweringen geeft Lee Martha, de
weduwe van Tonny Ahlers, op,[30] dan wel diens familie.[31] In de
overgeleverde archiefbescheiden van Franks bedrijven is geen
aanwijzing te vinden die dergelijke leveringen zou kunnen
bevestigen.

### De betrouwbaarheid van Ahlers als bron

Lee spreekt in dit verband over 'all the available documents'.[32]
Deze blijken in wezen allemaal terug te voeren te zijn op slechts
één bron: Tonny Ahlers.

En wat betrouwbaarheid aangaat, heeft Ahlers meer dan de
schijn tegen. Hij was een fantast. De Amsterdamse Politieke
Recherche Afdeling schreef in 1948: 'Wie men ook contra verdachte [Ahlers] hoort iedereen schetst hem als een praatjesmaker en fantast die zich graag groot en belangrijk voordoet.' Er
was van de zijde van Ahlers sprake van 'grote fantasie en vele
praatjes'. De indruk die Ahlers op een rechercheur van de
Politieke Opsporingsdienst had gemaakt was 'dat hij een groote
praatjesmaker is, erg dom en tot alles in staat'.[33] De PRA sloot
haar proces-verbaal af met de kanttekening 'dat verdachte
[Ahlers] zeer moeilijk terzake is te horen': 'Hij heeft over allerlei
kleinigheden zeer lange verhalen en schermt steeds met het
noemen van namen van diverse autoriteiten en instanties. Als
men dan iets dieper op de zaak in wil gaan draait het weer op
niets uit en krijgt men weer andere verhalen.'[34]

Vijftien jaar later, naar aanleiding van de brieven die Ahlers
ten tijde van de zaak-Silberbauer naar Oostenrijk had gestuurd,
stelde de Nederlandse Rijksrecherche een onderzoek naar hem
in. Waarschijnlijk is men in die winter van 1963-'64 zelfs 'een

paar maal' bij hem geweest.[35] De rijksrechercheur Van Helden meldde in zijn rapport: 'Deze Ahlers [...] is een fantasierijk iemand, die het met waarheid en verdichting niet al te nauw neemt. Zijn gedrag in oorlogstijd bewoog zich op de grens van strafbaar bedrog.' Lee nam in 2002 en 2003 de getuigenissen van Ahlers wél serieus.[36] Dat deed de directeur van het Rijksinstituut voor Oorlogsdocumentatie Harry Paape in de jaren tachtig op grond van de kanttekening van rechercheur Van Helden juist niet.[37] Vandaar dat Ahlers in het hoofdstuk 'Het verraad' in *De Dagboeken van Anne Frank* (1986, 2001) niet voorkomt.

Ahlers' broer en zoon hebben ná het boek van Lee weliswaar zeer onaangename dingen over Ahlers verteld,[38] maar een aperte fantast noemen zij hem niet. Lee zelf staat hier expliciet bij stil: 'And although he [Ahlers] was indeed a storyteller, his tales always had some basis in truth.'[39] Om dit laatste te verifiëren hadden wij zelf ook graag met de belangrijke leden van de familie van Ahlers gesproken. Helaas hebben de meesten ons dit geweigerd.[40]

## De bronnen van Carol Ann Lee

De voorliggende getuigenissen gaan, als gezegd, in wezen terug op één en dezelfde bron: Tonny Ahlers en diens familie. Er zijn overtuigende aanwijzingen dat Ahlers zelf niet betrouwbaar is. Dit vormt een centraal argument tegen de validiteit van Lee's theorie. Wordt haar theorie dan misschien wél onderbouwd door Ahlers' familieleden? Wij hebben de weduwe, broer en oudste zoon niet kunnen interviewen. Lee werd eerder wel te woord gestaan door weduwe Martha en broer Cas – al schijnt met name het tweede contact tussen deze Martha en Lee niet zonder rimpeling te zijn verlopen.[41] Hoe dan ook, wij zijn afhankelijk van wat Lee uit hun mond heeft opgetekend. Ahlers jongste zoon, Anton, werd kort na de Duitse capitulatie geboren. Wat de laatste weet over het gedrag van zijn vader in oorlogstijd, kan hij vanzelfsprekend naderhand uit allerlei bronnen te weten zijn gekomen, maar uit ons gesprek met hem bleek ons dat hij die informatie van zijn vader had afgeluisterd, c.q. had vernomen.[42] Nergens blijkt uit schriftelijke bronnen (bijvoorbeeld de bedrijfsadministratie) dat Otto Frank tijdens de oorlog daadwerkelijk zaken met Ahlers heeft gedaan, en dit is volgens ons dan ook geenszins bewezen of zelfs maar aannemelijk gemaakt. Hetzelfde geldt voor de zogenaamde contacten tussen beiden ná april 1941. Wat dat betreft moet geconcludeerd worden dat Lee zich op te eenzijdig bronnenmateriaal heeft verlaten.

### c Contacten in zomer/herfst 1945
#### Otto Franks eerste brief

Wat daarentegen weer wel vaststaat, zijn de demarches die Otto Frank in 1945 ten gunste van Ahlers deed. Op 24 juli 1945 vroeg Frank aan de Haagse gevangenisautoriteiten naar het juiste adres om informatie over Ahlers naartoe te zenden. Frank had 'in het voorbijgaan' vernomen dat Ahlers 'momenteel geïnterneerd' was. De gevangenisautoriteiten krabbelden Ahlers' celnummer, 769, op de enveloppe en zonden de brief blijkbaar terug, want hij is nu in het bezit van Annes neef Buddy Elias te Bazel, waar Lee hem aantrof.[43] Ook wij hebben dit stuk daar kunnen bekijken en lazen nog meer: op de achterkant van de enveloppe staat geschreven: 'Correspondentie niet toegestaan'. Lee laat dit onvermeld. Onderaan Franks eigen brief schreef de gevangenisdirectie dat hij zich tot het 'BNV' moest richten. Dat deed Frank een maand later.

#### Otto Franks tweede brief

Op 21 augustus 1945 schreef Otto Frank een brief aan het Bureau Nationale Veiligheid (BNV). Dit BNV was een voorloper van de Binnenlandse Veiligheidsdienst (BVD, thans Algemene Inlichtingen- en Veiligheidsdienst, AIVD); een van zijn eerste naoorlogse prioriteiten was het opsporen van collaborateurs en landverraders.[44] Frank richtte zich dus tot het juiste adres.

Hij schreef het Bureau 'toevallig' te hebben gehoord 'dat de heer A.C. Ahlers, v.d. Hoochlaan 24 te Amstelveen in de Straf-gevangenis, v. Alkemadelaan 850, Den Haag, cel 769' was opge-sloten. Op anderhalf kantje beschreef hij daarna het incident met Jansen op het Rokin in 1941 en het bezoek van Ahlers een maand later. Nergens wijst Frank evenwel Jansen 'positief' aan als zijn verrader, zoals Ahlers in zijn brieven naar Wenen in 1963-'64 beweert. (Of men zou onder verraad het voorval in 1941 moeten verstaan; dat heeft evenwel geen nadelige gevolgen gehad. Het verraderlijke telefoontje werd in 1944 gepleegd.) Frank besloot zijn brief:

> Ik voelde mij verplicht U het bovenstaande mede te deelen, aangezien de heer Ahlers toentertijd volgens mijn meening mijn leven gered heeft, want was deze brief in handen van de ss gekomen, dan zou ik allang gearresteerd en afgemaakt zijn.
>
> Zoals reeds gezegd weet ik verder van den jongeman niets af.[45]

Blijkbaar wist Frank intussen al wel exact dat Ahlers aan de Amstelveense Van de Hoochlaan woonde. Lee schrijft: 'and yet [Otto Frank] recalled Ahlers's full name and address from "one" meeting in 1941'.[46] Lee gaat daarmee voorbij aan het feit dat Ahlers in 1941 nog in Amsterdam woonde. Ahlers verhuisde pas in april 1944 naar Amstelveen. Van dat feit kan Frank dus pas nadien gehoord hebben.

Een afschrift van zijn brief over Ahlers aan Scheveningen verstuurde Frank nog diezelfde dag naar de POD in Amsterdam. In zijn begeleidend schrijven drong Frank erop aan Jansen 'achter de tralies' te zetten. Die werd opgepakt en in 1949 mede vanwege het incident uit 1941 tot vier en een half jaar interning veroordeeld.[47]

## Otto Franks derde brief

Op 27 november 1945 schreef Frank nog een – derde – brief, deze keer aan een onbekend adressaat, waarin hij opnieuw de interventie van 'Alers' (*sic*) beschreef. Deze keer voegde Frank toe: 'Toen de Heer Alers eenige maanden geleden uit de gevangenis was teruggekeerd, heeft hij mij bezocht en verteld hoe alles zich had afgespeeld. Uit zijn verdere mededeelingen heb ik moeten opmaken dat hij sterk illegaal heeft gewerkt.'[48] Uit dit laatste blijkt dat Frank zich door Ahlers iets op de mouw heeft laten spelden. Bovendien valt het op dat Frank in zijn brieven volstrekt voorbijgaat aan de mogelijkheid van valse opzet van Jansen en Ahlers tezamen, maar daarnaast lijkt er weinig bijzonders aan de hand.

## Otto Franks agenda's

Een opzienbarende vondst van Carol Ann Lee betreft evenwel notities in de agenda's van Otto Frank. Deze zijn tegenwoordig in het bezit van de Anne Frank Stichting in Amsterdam. Ook het NIOD heeft ze in de jaren tachtig bij de familie Frank in handen gehad.[49] Het is aan de speurzin van Lee te danken dat deze agenda's een rol zijn gaan spelen bij het onderzoek naar het verraad van Prinsengracht 263. Wat staat er in die agenda's en waarom is dat relevant?

'Ahlers', zo noteerde Frank op 20 en 23 juli, 27 en 30 augustus, en 28 november 1945. Zoals hieronder zal blijken, zouden de data in augustus betrekking kunnen hebben op het bezoek dat Ahlers, volgens Frank in november 1945, 'eenige maanden geleden' aan hem had gebracht. Dat Ahlers en Frank elkaar die dagen in augustus hebben ontmoet, acht in elk geval Lee 'the most logical explanation,'[50] zonder evenwel Franks brief uit november daarbij te betrekken. (In de Nederlandse uitgave is Lee stellig: Frank en Ahlers ontmoetten 'elkaar weer.'[51]) Resteren nu de twee dagen in juli en die ene in november.

Die in juli spelen in het boek van Lee een cruciale rol. Otto Frank had daags daarvoor, op 18 juli, te horen gekregen dat zijn

# N.V.
# NEDERLANDSCHE OPEKTA MIJ.
# AMSTERDAM C

*Nieuw adres:*
**PRINSENGRACHT 263**
TEL. 37059, AMSTERDAM-C.

SINGEL 400

TELEFOON 37059 · GIRO 198413 · BANKIERS: AMSTERDAMSCHE BANK · AMSTERDAM

27 November 1945

L.S.,

Inzake het contact dat ik met den Heer Alers had, kan
ik het volgende mededeelen.

De Heer Alers heeft in April 1941 een tegen mij gericht schrijven aan de leiding van de N.S.B.,hetwelk moest
worden doorgestuurd aan de S.D.,onderschept en mij ter hand
gesteld.Indien deze brief in handen van de S.D. was gekomen,
zou dat voor mij,niettegenstaande de daarin valselijk geuit-
te beschuldiging dat ik mij tegenover den schrijver van dien
brief in beleedigende zin had uitgelaten over de Duitsche
Weermacht,zeer noodlottige gevolgen hebben gehad.Toen ik
daarook later vernam,dat de Heer Alers ,die zich tegenover
mij had voorgedaan als koerier tusschen de N.S.B. en de S.D.
in de strafgevangenis,van Alkemadelaan den Haag was opgesloten,voelde ik mij gedrongen een schrijven te richten aan de
Nationale Veiligheid te Haag,om mededeeling te doen van hetgeen de Heer Alers voor mij had gedaan.

Toen de Heer Alers eenige maanden geleden uit de gevangenis was teruggekeerd,heeft hij mij bezocht en verteld
hoe alles zich had afgespeeld.Uit zijn verdere mededeelingen
heb ik moeten opmaken dat hij sterk illegaal heeft gewerkt.

Hoe alles zich verder heeft toegedragen,kan ik niet be-
oordeelen, ik kan alleen mijn erkentelijkheid betuigen voor
den grooten dienst die de Heer Alers mij heeft bewezen.

Hoogachtend,

*Otto Frank*

L.S. Brief Frank inzake Ahlers, 27 november 1945 (Nationaal Archief)

beide dochters waren overleden. Dat zijn vrouw Edith dood was, wist hij al eerder, maar tot die 18de juli had hij nog hoop voor Margot en Anne. Zes dagen later verstuurde hij zijn brief naar de Haagse gevangenis: hij had 'in het voorbijgaan' vernomen dat Ahlers gevangen zat. In de tussenliggende dagen staat Ahlers' naam tweemaal in zijn agenda. In de Engelse versie van haar boek meent Lee dat Frank op die dagen Ahlers in de gevangenis is gaan bezoeken, althans 'presumably so'.[52] Maar die veronderstelling staat niet sterk. In de – eerder verschenen – Nederlandse vertaling van haar boek hield zij nog geen slag om de arm: Frank 'moet' Ahlers in de gevangenis hebben bezocht.[53] Blijkens de aantekening op de enveloppe van Franks allereerste brief was zelfs 'correspondentie niet toegestaan'. Zou Frank dan Ahlers wel hebben kunnen bezoeken? In de Amerikaanse editie van 2003 is ten slotte geen sprake meer van bezoeken aan de gevangenis. Lee vraagt zich daarin af: 'Did they [Frank and Ahlers] meet? It is not impossible, but what seems more likely is that Ahler's wife, Martha, contacted Otto on her husband's behalf.'[54] Met deze, haar derde versie, ten slotte, heeft Lee volgens ons gelijk, al is een bezoek van Ahlers (tijdelijk vrij) aan Frank evenmin geheel uit te sluiten. Want wat voor regime heerste er vlak na de oorlog in Scheveningen?

### Bezoek mogelijk in gevangenis Scheveningen?

Ahlers zat vanaf 6 juni 1945 (vanwege het BNV) opgesloten in de Scheveningse Cellenbarakken. Wellicht zal hij al eerder hebben vastgezeten, want in zijn dossier zit een briefje van volstrekt duistere herkomst waarop staat dat Ahlers op 29 mei 1945 is 'ontslagen en naar huis gestuurd wegens ernstige familieomstandigheden'. Dit kan slaan op de geboorte van zijn tweede zoon, Anton, op 28 mei 1945. Ahlers diende op 14 juni weer terug te zijn.[55] Blijkbaar is hij – op zeker moment – inderdaad teruggekeerd, want eind november 1945 werd hij uit Scheveningen vrijgelaten.[56] Volgens Lee[57] kwam Ahlers, zoals gezegd, in *september* 1945 vrij. Dit ontleent zij aan Ahlers' dossier bij de Sociale

9° Knoop
Lindorhn      10 DONDERDAG 19

4.5 Joseph waracker berkent
Heurzestr 120 Pepping

Ahlers   ⟵   11 VRIJDAG 20

meyer
v Maarsen
Hans Prister

12 ZATERDAG 21

Schütz 25 —
Bautista

(anfeld
Anna )

Trakatach

Agenda Otto Frank, juli 1945 (Anne Frank Stichting)

Dienst.[58] Wij hebben dit nauwkeurige gegeven daarin niet aangetroffen. Wel staat er in dat dossier dat Ahlers bij de bevrijding 'terstond' in de gevangenis van Scheveningen is ingesloten, 'doch na eenige maanden vrijgelaten op getuigenis van meerdere personen waaronder Joden, dat hij hen geholpen had'.[59] Ook bij de PRA te Amsterdam heeft hieromtrent onduidelijkheid geheerst: in 1948 noteerde deze dienst dat 'niet precies na te gaan' was door wie Ahlers in vrijheid was gesteld; het was wel 'na enige maanden' gebeurd.[60] Wij hebben in de schaarse bronnen geen aanvullende gegevens kunnen vinden, zodat de gesignaleerde tegenstrijd blijft bestaan.

Onderwijl had hij in Scheveningen naar eigen zeggen 'bewegingsvrijheid' genoten: hij moest 's avonds om tien uur binnen zijn.[61] Geheel onmogelijk is dit niet: de Bijzondere Rechtspleging verkeerde toen nog in wat wel de 'wilde fase' is genoemd.[62] Als Ahlers' 'bewegingsvrijheid' voor waar wordt aangenomen, heeft Ahlers dus in die maanden alle kans gehad Frank op te zoeken. Dat strookt met de opmerking van Otto Frank in november 1945 over een dergelijk bezoek van 'eenige maanden geleden'. Als het niet waar is, zal het contact goed via Ahlers' vrouw Martha hebben kunnen lopen. In de Amerikaanse editie uit 2003 komt Lee zelf uiteindelijk tot de slotsom: 'Whether the references [in the agendas] were to meetings with Ahlers's wife or with Ahlers himself will probably never be known' (*Harper* 189). Volgens ons sluit het één het andere niet uit. De laatste datum, die in november 1945, levert minder problemen op omdat Ahlers toen immers weer vrij man was.

Terecht wijst Lee erop dat Frank heeft verklaard dat *hij* Ahlers na de oorlog opzocht.[63] Frank verklaarde dat eind jaren vijftig tegenover de Duitse auteur Ernst Schnabel.[64] Dat was weliswaar twaalf jaar na dato, zodat een vergissing denkbaar is, maar ook Ahlers zelf 'insisted that Otto had searched for him'.[65] We weten natuurlijk ook niet van wie het eerste initiatief is uitgegaan.

Dat Frank hem op vrijdag 20 en maandag 23 juli 1945[66] in de Cellenbarakken zou hebben kunnen opzoeken, is evenwel onwaarschijnlijk. In de eerste maanden na de bevrijding viel het complex onder de *Canadian Field Security*. In de praktijk hadden de Nederlandse marechaussee en de Binnenlandse Strijdkrachten (BS) er het voor het zeggen. Dat ging niet goed: er heerste toen 'een barbaars regiem'.[67] Zondag was 'kijkdag': dan kwamen de Scheveningse familieleden en bekenden van de BS'ers de gedetineerden 'bezichtigen'.[68] Op 15 juli werd formeel het bevel overgedragen aan het Militair Gezag (MG), de daadwerkelijke overdracht vond plaats op 22 juli.[69] De dagen waarop Otto Frank volgens Lee deze gevangenis zou hebben bezocht – 20 en 23 juli -, vallen dus in de overgangstijd naar het MG. Ten tijde van het MG mochten de gedetineerden eens per maand bezoek ontvangen. Ingevolge de verordeningen is tweemaal een bezoek in één maand uitgesloten, laat staan vlak achter elkaar.[70] Dat maakt het onwaarschijnlijk dat Frank – bovendien geen familie van Ahlers – binnen twee maanden tijd vier maal zijn opwachting bij de gevangenis in Scheveningen zal hebben mogen maken. Pas per 1 maart 1946 wordt *voorgesteld* bezoek tweemaal per maand toe te staan.[71] Ons onderzoek in de archieven van de 'Strafinstellingen te 's-Gravenhage'[72] leverde ten slotte geen enkel relevant gegeven op.[73]

Dat Frank zelf naar Scheveningen zou zijn afgereisd en Ahlers daar in de gevangenis zou hebben bezocht, lijkt ons al met al hoogst onwaarschijnlijk, ook al meldt Lee[74] dat Martha Ahlers heeft gezegd dat 'Otto visited her husband in prison and gave him a small amount of money to help him out'. Hiervoor geeft Lee als bron de zoon van Ahlers op,[75] maar tegenover ons ontkende deze dit ooit te hebben gezegd.[76] Tijdens datzelfde gesprek vertelde Ahlers jr. dat zijn vader uit de gevangenis zou zijn ontsnapt in de kofferbak van de wagen van Otto Frank. Onze zegsman heeft het van zijn moeder Martha gehoord; geloven doet hij het evenwel niet. Ontsnappen deed Ahlers overigens wel, maar pas in 1946 (zie hieronder) en daar had Frank al helemaal niets mee van doen.

Dat de naam 'Ahlers' in Franks agenda opduikt, kan ook duiden op gesprekken of afspraken met diens vrouw, of hebben gediend als geheugensteuntje voor te ondernemen acties. Er is zoals gezegd bepaald geen dwingende reden om aan te nemen dat Otto Frank Ahlers wél in de gevangenis heeft bezocht. Dat Ahlers hém heeft bezocht valt niet uit te sluiten, maar meer voor de hand ligt dat Frank en Martha Ahlers elkaar hebben gesproken. Het initiatief zal dan toch wel van de zijde van de Ahlersen zijn uitgegaan: *zij* hadden immers hulp nodig. Martha Ahlers heeft tegenover haar zoon Anton gezegd dat op een dag Otto Frank aan de Hoofdweg op haar stoep stond,[77] 'met kleverige snoepjes'.[78] Dit bezoek zou zijn geweest nadat Frank een eerste brief ten gunste van Ahlers had geschreven,[79] dus ná 24 juli 1945. Het moet zelfs ná 11 september zijn geweest, want toen verhuisde het gezin Ahlers pas naar de Hoofdweg. Lee tekent bij dit verhaal terecht aan dat het in dat geval 'a mystery' blijft hoe Otto de vrouw van Ahlers heeft weten te achterhalen.[80] In elk geval kan de naam 'Ahlers' die Frank in juli 1945 tweemaal in zijn agenda noteerde, niet op een ontmoeting aan de Hoofdweg slaan. De aantekening in november 1945 daarentegen wel.

*Met wie contact?*

Het enige dat vaststaat is dat Otto Frank in juli 1945 onmiddellijk na de dagen waarop hij 'Ahlers' in zijn agenda schreef, een brief over Ahlers naar Den Haag stuurde. In augustus verzond hij eerst een brief, en noteerde kort daarop 'Ahlers' in zijn agenda. De omgekeerde volgorde dus. Ook in november gaat de brief aan de notitie vooraf. Vanzelfsprekend ligt een verband tussen de brieven en de data in de agenda voor de hand. Frank heeft in de zomer van 1945 ongetwijfeld met iemand over Ahlers gesproken, want anders zou hij toch niet het Amstelveense adres van Ahlers zo precies in die brief hebben kunnen weergeven. Ahlers was pas op 20 april 1944 naar Amstelveen verhuisd. Omdat wij het erop houden dat Frank en Ahlers tijdens de oorlog na april 1941 geen contact meer hebben onderhouden (zie hierboven), gaan wij ervan uit dat Frank dit adres pas ná de oorlog heeft opgekregen. Volgens Lee in haar derde versie is het aannemelijk dat die precieze informatie van Ahlers of diens vrouw kwam.[81] De tweede mogelijkheid achten wij het waarschijnlijkst, de eerste gezien Ahlers' detentie minder.

Met wie zou Frank in die zomer over Ahlers hebben gesproken? Met Ahlers zelf? Aan Ahlers' detentie in Scheveningen kwam eind november 1945 een einde. Frank schrijft zijn – derde – brief op 27 november 1945. In die brief zegt Frank dat 'toen de Heer Alers eenige maanden geleden uit de gevangenis was teruggekeerd', deze hem heeft bezocht. Frank schrijft niet heel duidelijk *wanneer* Ahlers hem heeft bezocht. Zijn woorden lijken te duiden op een ontmoeting 'eenige maanden' vóór 27 november. In Franks agenda staat bij de data 27 en 30 augustus de naam 'Ahlers'. Die data komen in aanmerking. Ahlers zat toen in Scheveningen vast. Als we Ahlers' 'bewegingsvrijheid' daar voor waar willen aannemen, dan zou het kunnen. Zijn ontsnappingen doen zich pas voor in 1946. Geloven we niet in die 'bewegingsvrijheid', dan ligt Martha Ahlers als intermediair voor de hand.

### Ontsnappingen pas in 1946

Volgens Lee[82] kwam Ahlers in september 1945 vrij, volgens het BNV-dossier was dit 'eind november 1945'.[83] De inhoud van dit laatste dossier is hier relevant.

Volgens Ahlers kreeg hij kort na zijn vrijlating bezoek van twee rechercheurs van het BNV, J.J. Davids en een zekere Kerkhoven. Zij zouden hem toen hebben gevraagd aan hun BNV medewerking te verlenen bij hun onderzoek naar vijandelijke verzetsbewegingen ten behoeve van – ontsnappingen van – politieke delinquenten (bijvoorbeeld de zogenaamde *Werwolf*-organisatie[84]). In eerste instantie wees Ahlers dit verzoek af. Een week later werd hij door een andere dienst, de Politieke Opsporingsdienst,[85] aan de Amsterdamse Da Costakade vastgezet. In een bericht van 10 januari 1946 van de Sociale Dienst staat dat

**Directoraat Generaal**
Voor de
**Bijzondere Rechtspleging**
KAMP LEVANTKADE
6 Hoofdafdeeling
Administratie gedetineerden
Afdeeling **Contrôle**
\*) Ref. No. **10/K1/V/1502**
Bijlagen
Onderwerp **ontvluchte gedetineerde**

$\mathcal{K}$ N V

e/A. 2552/46

AMSTERDAM,
TELEFOON 45969

**22 Juni 1946**

PARKET-DOSSIER
STUK-No.
51

De Commandant van het Bewarings- en Verblijfskamp Levantkade te
Amsterdam verzoekt de opsporing, aanhouding en terugbrenging van
den op 21 Juni 1946 omstreeks 17 uur ontsnapten gedetineerde,

Anton Christiaan Ahlers

| | | |
|---|---|---|
| Geboren | : | 29 December 1917 te Amsterdam |
| Woonplaats | : | Hoofdweg 396 I te Amsterdam |
| Beroep | : | Handelsman |
| Gehuwd met | : | M.J. Kuik, geb.20 Juni 1922 te Amsterdam |
| Kinderen | : | 2 jongens, geb.2.2.42 en 28.5.45 |
| Reg.no. Kamp Levantkade | : | p 2061 |
| No. Proc.Verb: | | 3946 |
| D osầierno. | | |
| P.R.A. A'dam | : | 21157 |
| No. Pers.Bew.: | | geen |
| Adres naaste familie | : | Nwe Looierstraat 68 te Amsterdam |
| | | v. Eeghenlaan 22 " |
| | | Hoofdweg 396 I " |

Signalement:

gekleed: zwart colbert costuum met grijs streepje
lichtblauwe sokken, zwarte lage schoenen,
blauw gestreept overhemd met losse boord.
donkere das, licht grijze regenjas, blootshoofd,
achterovergekamd haar, donker blond,
wipneus, schraal gezicht, lang plm. 1.82 M, gaaf gebit

Ten laste legging: Vertrouwensman der Sicherheitsdienst
Verraad van personen aan S.D.
Directeur van "Wehrmacht Einkauf Büro P.T.M."

Aan den Hoogedelgestrengen
Heer Procureur-Fiscaal
bij het Bijzonder Gerechtshof
Heerengracht 408
A m s t e r d a m .

De Adj. Kampcommandant
Luitenant W. Jonasse

\*) U gelieve bij Uw antwoord steeds de afdeeling en het Ref. No. te vermelden.

K1. 104

Ontsnapping Ahlers uit Kamp Levantkade, 22 juni 1947
(Nationaal Archief)

Ahlers daar sinds drie weken was geïnterneerd. De zaak was niet 'geheel zuiver', 'zoodat thans de POD heeft ingegrepen en hem opnieuw heeft ingesloten'.[86] Hij ontvluchtte na vier dagen, werd weer gearresteerd en kwam in februari 1946 in het kamp Levantkade te Amsterdam terecht. Daar kreeg hij schijnbaar bewijsmateriaal in handen over een nazistische beweging. Dat speelde hij door aan BNV'er Davids. Het BNV – aldus nog steeds Ahlers – stelde hem in vrijheid, opdat hij samen met Davids onderzoek kon doen naar deze organisaties binnen de detentiekampen. Dat zal rond 9 augustus 1946 zijn geweest, want die dag meldt de Sociale Dienst dat Ahlers 'met verlof B.N.V. en Kamp Levantkade, 18 dagen vrijheid' heeft gekregen 'voor bijzondere opdrachten'. Volgens Ahlers' vrouw Martha kreeg hij dit verlof 'om aanwijzingen te geven over "weerwolf-organisaties" te Amsterdam en daarbuiten'.[87] Blijkbaar verliep de samenwerking niet heel goed, want omdat Ahlers 'volgens Davids maar een beetje had gefantaseerd', werd hij teruggebracht naar de Levantkade.[88] Hij wist er de volgende dag uit te ontkomen.[89] In september 1946 werd hij opnieuw aangehouden en kwam via kamp Laren – waaruit hij óók al eens ontvlucht was – uiteindelijk opnieuw in de Cellenbarakken in Scheveningen terecht. Hij ontsnapte daaruit eind 1946, waarbij hij geholpen zou zijn door Davids, 'voormalig rechercheur van het B.N.V.'. In totaal is Ahlers maar liefst vier maal ontvlucht, alle keren in 1946. Het aantal ontsnappingen kan verwondering wekken. Ontsnappingen uit interneringskampen en bewaarplaatsen waren evenwel niet heel ongebruikelijk: in december 1946 telde *De Waarheid*[90] 'over de laatste tijd' gemiddeld honderd tot honderdvijftig ontsnappingen per maand, en twee maanden later meldde *Het Parool*[91] dat gedetineerden 'bij honderden' vluchtten. In 1949 stonden er in geheel Nederland ongeveer zevenhonderd gedetineerden als ontsnapt geregistreerd.[92]

Vanzelfsprekend hebben wij de huidige AIVD (de rechtsopvolger van het BNV) gevraagd of men daar informatie over Tonny Ahlers bezit. Maar omdat het NIOD nu eenmaal geen familie van Ahlers is, heeft men onze aanvraag ingevolge de Wet op de inlichtingen- en veiligheidsdiensten 2002 niet ontvankelijk verklaard.[93]

Hoe opmerkelijk Ahlers' ontsnappingen ook lijken en hoe interessant de rol van BNV'er Davids[94] daarbij is geweest, voor ons onderzoek is dit niet heel relevant, want het een en ander heeft zich in 1946 afgespeeld, toen Otto Frank zijn laatste, eveneens voor Ahlers ontlastende, brief al had geschreven, die immers dateert van 27 november 1945.[95] Een dag later, 28 november, prijkt opnieuw de naam 'Ahlers' in Franks agenda. Waarschijnlijk is Ahlers die dag bij Frank langsgegaan om die brief op te halen: de brief vermeldt immers geen geadresseerde en heeft als aanhef L.S. (*lectori salutem* – den lezer heil). Ahlers kon er desgewenst goede sier mee maken.

### Otto Frank trekt steun voor Ahlers in

Maar daarna was het met Franks steun aan Ahlers gedaan. In 1958 vertelde Frank aan Ernst Schnabel over de gebeurtenissen in het voorjaar van 1941 met Ahlers, overigens zonder diens naam te noemen. Dat deze naam nu toch in de openbaarheid is gekomen, is de verdienste van Lee. Frank verhaalt: 'Da ging ich zu der Kommission und sagte: Der Mann hat mir einmal das Leben gerettet! Aber sie zeigten mir seine Akten, und ich sah, dass ich der einzige gewesen war, den er gerettet hatte. Alle anderen hatte er verraten...'[96] Het boek van Schnabel is ook de bron van Lee voor dit gegeven.[97] Wanneer Otto Frank naar die 'commissie' kan zijn gegaan, bleek ons uit zijn agenda: op 6 december 1945 noteerde hij daarin 'POD' (Politieke Opsporingsdienst) en op 11 december 1945 'Nat. Veiligheid' (waarschijnlijk Bureau Nationale Veiligheid). Dat is dus hooguit twee weken na zijn laatste brief ten gunste van Ahlers. Op 11 december 1945 schreef Frank aan zijn moeder dat hij bij 'de politieke recherche' was geweest. 'Gisteren', 10 december dus, was men naar het politiebureau gegaan om de mensen die hen hadden gearresteerd aan de hand van foto's te identificeren.[98] Het lijkt ons niet onredelijk te veronderstellen dat een van deze data in december 1945 de dag is geweest waarop Frank van de 'commissie' – de POD, respectievelijk het BNV – de waarheid over Ahlers vernam. Of een en ander verband houdt met Ahlers' hernieuwde inhechtenisneming op 17 december 1945,[99] deze keer door de POD, weten wij niet. Een schriftelijke neerslag van het intrekken van Franks steun is door ons in geen van de dossiers aangetroffen.

In 1946 werd Ahlers nog van ernstige delicten verdacht: 'Vertrouwensman der SD, Verraad van personen aan SD'.[100] Deze misdrijven konden blijkbaar niet bewezen worden, want in 1949 besliste de procureur-fiscaal van het Bijzonder Gerechtshof te Amsterdam slechts tot 'voorwaardelijke buitenvervolgingstelling' van Ahlers. Zijn goederen werden 'van overheidswege' in beslag genomen. Bovendien werd hij gedurende tien jaar (de van rechtswege ingestelde termijn) ontzet uit het recht overheidsfuncties te bekleden of bij de gewapende macht te dienen enz. Deze laatste voorwaarden werden in de tweede helft van de jaren veertig aan duizenden 'lichte' gevallen opgelegd. Ook, zoals we gezien hebben, aan Van Maaren. Die ging evenwel – met succes – in verzet tegen die beslissing. Dat deed Ahlers niet.

### d  Contacten na 1945

Aan haar Engelse editie voegde Lee een 'Afterword: The Enigma of Tonny Ahlers' toe. Zij en de *Volkskrant*-journalist Sander van Walsum waren in maart 2002 bij Ahlers' toen 82-jarige broer Cas geweest. Deze wist te melden dat Tonny ná Franks emigratie naar Zwitserland, in 1952, 'again' aan het chanteren was geslagen.[101] Dat 'again' moet in het licht van de gebeurtenissen in het voorjaar van 1941 gelezen worden: toen zou er immers óók van chantage sprake zijn geweest. Otto Frank lijkt dat evenwel nooit zo te hebben ervaren. Ahlers heeft zich in 1941 slim gepresenteerd, heeft zich behulpzaam én armlastig voorgedaan, waarop Frank hem geld heeft gegeven. Zo bezien kan men misschien stellen dat Ahlers toen eerder van de situatie waarin Frank was komen te verkeren heeft *geprofiteerd*, dan dat hij hem daarmee heeft gechanteerd.

### Familie Ahlers

Cas Ahlers zegt zich een brief van Otto Frank te herinneren met de woorden: 'The goods have been delivered again.'[102] (Ahlers' stiefzuster Greet heeft dit ondertussen beaamd.[103]) Een, zo voegt Lee toe, 'bitter reference to the past'.[104] Dit slaat waarschijnlijk op dit zogenaamde 'business arrangement' dat Frank en Ahlers in de oorlog zouden hebben gesloten. Zoals Lee ons vertelde,[105] is de voornaamste bron voor die 'zakelijke overeenkomst' de vrouw van Tonny, Martha; in de Amerikaanse editie aangevuld met broer Cas en zoon Anton.[106] Martha en haar zwager Cas weigeren het NIOD te woord te staan, waardoor verificatie onmogelijk is geworden. Zoon Anton zegt het bestaan van dit 'business arrangement' van zijn ouders te hebben vernomen.[107]

Deze Anton Ahlers (geboren 1945) herinnert zich dat toen hij 'about seven or eight years old' was – dat moet dus in 1952-'53 zijn geweest – hij zijn vader in een telefoongesprek de naam 'Otto Frank' hoorde zeggen en daarna de woorden sprak: 'I got them in and I got them out again'.[108] Zoon Anton herinnert zich nog goed dat zijn vader '[was] tapping furiously on his old typewriter' tijdens de zaak-Silberbauer in 1963.[109] Tegenover ons zei de zoon dat zijn vader toen gezegd had 'dingen recht te gaan zetten' en 'de geschiedenis te gaan veranderen'. Anton Ahlers woonde toen nog bij zijn ouders thuis.[110] Nadat de zaak-Silberbauer in 1964 afgesloten werd, zou Otto Frank in Amsterdam Ahlers hebben bezocht. Lee kreeg deze merkwaardige informatie van Martha Ahlers[111] en heeft haar niet gebruikt in haar boekpublicaties.

### Afpersing

Op de vraag van Lee of Ahlers jr. iets wist van geld dat Otto Frank aan zijn vader had moeten betalen, gaf Ahlers jr. aan dat zijn vader over een onverklaarbaar hoog inkomen had beschikt: iedere maand kwam er het equivalent van een 'director's salary' binnen. De vrouw van Ahlers jr. bevestigde dit.[112] Na Franks dood in 1980 zou het met de luxe gedaan zijn.[113] Zoals hierboven vermeld, is – volgens Lee in 2003[114] – Ahlers sr. vanaf het midden van de jaren zestig met deze nieuwe chantage van Frank begonnen. Het afpersen zou zich dan in de jaren zestig en zeventig hebben afgespeeld.

Op zich is het enigszins verbazingwekkend dat Ahlers dergelijke praktijken niet al in de jaren vijftig zou zijn gestart. Dat was hoe dan ook een tijd waarin men relatief arm was, en bovendien had het dagboek van Anne Frank vooral na de toneelbewerking uit 1955 en de filmversie uit 1959 de status van *bestseller* bereikt. Ahlers' stiefzuster Greet komt tot een periode 'after the war and in the late 1970s'.[115] Een onderzoek naar de vermogenspositie van iemand met zwart (chantage)geld is een hachelijke zaak. Ten eerste omdat geldverkeer dat met chantage samenhangt doorgaans niet via normale bank- en/of girokanalen verloopt, en ten tweede omdat dergelijke rekeningen voor historisch onderzoek amper toegankelijk zijn. Maar er kan ook naar iets anders worden gekeken. Gaf Ahlers dan toen misschien uitzonderlijk veel geld uit?

De woonhuizen van Tonny Ahlers weerspiegelen in elk geval niet deze gesuggereerde welstand. Uit de 'basisadministratie persoonsgegevens' van het Amsterdamse bevolkingsregister blijkt weliswaar dat Ahlers sr. tweemaal 'op stand' woonde, namelijk in Amsterdam Oud-Zuid, maar beide keren vallen buiten de betrokken periode in de jaren zestig en zeventig: gedurende negen maanden aan het eind van de jaren vijftig woonde Ahlers in de Okeghemstraat, en in 1986-'87 bewoonde hij maar liefst twee etages aan de Valeriusstraat in de chique Concertgebouwbuurt. Dat laatste was evenwel ná de dood van Otto Frank (overleden in 1980); volgens zijn zoon was Ahlers sr. toen bij een vriendin ingetrokken[116] en was hij dus niet de hoofdbewoner.

Andere blijken van betrekkelijke rijkdom, van een in de woorden van zoon Anton 'bovengemiddeld bestedingspatroon' van vader Tonny, zijn het bezit (in 1958) van een tweedehandse Renault Quatre en van reizen naar Frankrijk, in een tijd dat dit vanuit Nederland nog geenszins normaal was. Voorts kocht Ahlers een groot televisietoestel dat hij aan zijn moeder schonk, enzovoort.[117] Uit de verhalen van de familie heeft Lee de indruk gekregen dat Tonny Ahlers een '*gadgetman*' was:[118] een liefhebber van elektrische snufjes. Vanzelfsprekend kostte die liefhebberij geld, maar of dit, plus het bezit van een oud Renaultje 4 en het bereizen van Frankrijk, toentertijd slechts mogelijk was als men een directeurssalaris toucheerde, lijkt ons niet het geval. Hoe Ahlers het een en ander dan wel heeft bekostigd, is onbekend.

Over één poging van Ahlers om aan geld te komen is wel iets bekend. In juni 1962 wilde hij van het Rijksinstituut voor Oorlogsdocumentatie een vergoeding hebben voor het reproduceren van zijn foto's van de vernielingen van het Amsterdamse Cabaret Alcazar tijdens anti-joodse acties in 1941.[119] Directeur L. de Jong had deze foto's gebruikt voor zijn serie *De bezetting*.[120] De Jong verdiepte zich in de zaak, liet onderzoek doen in het Centraal Archief Bijzondere Rechtspleging, en schreef Ahlers terug:

> Het komt mij voor dat U op dat moment en op die plaats die foto's alleen hebt kunnen maken doordat U vergaande faciliteiten van de Duitse bezetter genoot. In die omstandigheden voel ik er niet voor, te bevorderen dat U enig honorarium uitbetaald wordt.[121]

Ahlers kreeg geen cent.

Zoon Anton suggereerde tegenover ons nog de mogelijkheid dat vergoeding voor het naaiwerk van Martha Ahlers het leeuwendeel van de (extra) inkomsten opleverde.[122] Over de hoogte of aard van de verdiensten van Ahlers zelf is weinig met zeker-

Antisemitische acties in Amsterdam, 9 februari 1941 (Foto Ahlers)

heid bekend. Zelf zei Ahlers sr. dat hij een aanzienlijke overheidsuitkering genoot vanwege zijn polio (kinderverlamming).[123] In zijn dossier bij de Sociale Dienst wordt van een dergelijke naoorlogse uitkering geen melding gemaakt.

Lee schrijft dat Tonny Ahlers in 1980 zijn bankrekening opzegde en dat hij en zijn vrouw gedwongen waren van hun 'six-room apartment in Amsterdam-Osdorp' naar 'a tiny rent-assisted flat' te verhuizen. Achter het jaartal 1980 voegt Lee toe: 'the year Otto Frank died'.[124] Dat laatste is juist, maar hiermee suggereert Lee een verband tussen Ahlers' toenmalige economische situatie en de dood van Otto Frank. Volgens ons ligt zo'n koppeling niet voor de hand: de betrokken verhuizing van de Van Suchtelen van de Haarestraat in het, overigens weinig mondaine, Osdorp naar de bescheiden Willem Kloosstraat in Geuzenveld-Slotermeer vond plaats in 1984,[125] vier jaar ná de dood van Frank. Men zou kunnen opperen dat toen het geld dat Ahlers van Frank afhandig had gemaakt, kennelijk op was. Ahlers was evenwel al medio 1960 aan de Van Suchtelen van de Haarestraat gaan wonen, dus al vóór de zogenaamde chantage die zo'n vijf jaar later zou zijn begonnen. Dat huis heeft dus niets met die onbewezen praktijken van doen.

### De bronnen: Ahlers en zijn familie

Zoals we gezien hebben beroept Lee zich voor het geregelde contact in oorlogstijd tussen Otto Frank en Ahlers op 'Ahlers and other witnesses', en die 'other witnesses' blijken allen tot de directe familiekring rond Ahlers te behoren. Hetzelfde geldt ten aanzien van 'all the available documents' van Lee,[126] waaruit het ronduit sensationele verhaal over een jarenlange chantage van de vader van Anne Frank af te leiden zou zijn. Deze blijken ook terug te voeren tot één en dezelfde bron: de familie Ahlers, te weten de brieven uit de jaren zestig van Tonny Ahlers zelf en de interviews in deze eeuw met diens vrouw Martha, broer Cas, zoon Anton en stiefzuster Greet. De laatsten hebben geen 'documents' of andere steekhoudende bewijzen kunnen verschaffen en de eerste was een snoever met grote verbeeldingskracht. Dit lijkt ons redelijkerwijs niet voldoende om een dergelijke veelomvattende theorie op te grondvesten als Lee heeft willen ontvouwen.

Frank schreef zijn eerste brief over Ahlers naar Den Haag vlak nadat hem het bericht over de dood van zijn kinderen had bereikt. Nu reageert ieder mens op het overlijden van dierbaren op zijn eigen manier, maar Lee vraagt zich niet onterecht af waarom Otto Frank 'zich op een zo dramatisch moment in zijn leven zo druk over Ahlers' maakte. Volgens Lee's 'feelings'[127] zou dat zijn omdat Frank Ahlers' zwijgen moest kopen,[128] '[to] ensure that Ahlers kept his silence'.[129] Zwijgen over Franks al dan niet laakbare gedragingen tijdens de oorlog. Ahlers kon volgens Lee over Opekta-in-oorlogstijd 'een onaangenaam verhaaltje in elkaar draaien'.[130] Maar wellicht realiseerde Otto Frank zich op dat moment dat hij de enige overlevende was en dat Ahlers, in zijn ogen, hem van een vroege deportatie in 1941 had behoed. In hoeverre de theorie van Lee hout snijdt, komt in de volgende paragraaf aan de orde.

## 2  Chantage in en na oorlogstijd

Het is bekend dat bij een uitzonderlijke situatie als een bezetting met de daarbij behorende toenemende schaarste stijging van criminaliteit hoort. Dat was in Nederland ook het geval. Hoewel het cijfermateriaal gebrekkig is, valt die stijging toch vast te stellen.[131] De meeste slachtoffers van 'gewone' criminaliteit konden net als voor de oorlog naar de politie stappen om aangifte te doen, en dat gold in de beginperiode ook voor joden. Zo vond de Amsterdamse historicus J. Vis in de collectie dagrapporten van de Amsterdamse politie dat de twaalfjarige Anne Frank zelf aangifte had gedaan van de diefstal van haar fiets rond Pasen 1942.[132] Maar joden werden ook slachtoffer van criminaliteit, waarna zij geen aangifte konden doen. Dat betrof

*Het Nederlandsche Beheersinstituut*

Neuhuyskade 94
's-Gravenhage
Tel.774535-36-37-38.

NBA'741

GEZIEN

VEND O.P.:

's-Gravenhage, **7 Februari** 194**7**

Het Nederlandsche Beheersinstituut, bedoeld in het Besluit
Vijandelijk Vermogen; **Otto Heinrich Frank, geb.12-5-1889,**

Gezien het verzoekschrift van
**wonende te Amsterdam, Merwedeplein 37;**

waarin wordt verzocht afgifte van een verklaring als bedoeld in
art. 34 lid 1 sub f, van genoemd Besluit;

Overwegende, dat de gronden, waarop het verzoek rust, het ge-
vraagde rechtvaardigen;

Gezien het terzake uitgebrachte advies van **het Bureau Amsterdam**
**van het Nederlandsche Beheersinstituut;**

Gezien de desbetreffende wettelijke voorschriften
**O.H. Frank voornoemd**
verklaart dat

niet langer vijandelijk onderdaan/onderdane(n) is (zijn) in den
zin van het Besluit Vijandelijk Vermogen met de aanteekening,
dat deze beschikking niet vrijwaart voor eenige andere even-
tueele overheidsmaatregel te zijnen/haren/hunnen opzichte te
nemen.

Aldus gedaan en gewezen te 's-Gravenhage, **7 Februari 1947**

de Directie van het
NEDERLANDSCHE BEHEERSINSTITUUT:

T.78.794/2a/BM
AM.

(Get.) Michielsen.        Bogaardt.
K.W.J. Michielsen.  Mr.H.Bogaardt.
Voor copie conform:

Mr. H. Bogaardt.

Ontvijanding NBI, 7 februari 1947 (Nationaal Archief)

natuurlijk met name valse beloftes voor een onderduikplek of zelfs mogelijkheden om het land te verlaten (zie hiertoe bijvoorbeeld F. Weinreb, die vervolgde joden voorhield dat zij dankzij hem per trein naar onbezet gebied konden vertrekken). Dit was het soort oplichting waartegen een aangifte zinloos was, omdat men zelf ook tegen de Duitse verordeningen had gehandeld. Chantage is een misdrijf dat ook in vredestijd vaak niet aangegeven wordt, omdat de betrokkene met iets gechanteerd wordt wat (gedeeltelijk) waar is en niet bekend mag worden. Zo ook Otto Frank, die op 18 april 1941 bezoek kreeg van een voor hem onbekende man, Ahlers, die zich als NSB-lid introduceerde en Otto Frank een brief te lezen gaf van een ex-werknemer, Joseph Jansen. De brief was gericht aan de NSB-leiding en had als inhoud dat Frank zich tegenover Jansen op 'beledigende wijze geuit had tegen de Duitsche Wehrmacht'. Een versluierde vorm tot chantage, waarna hij ook terug kwam, volgens Frank, 'waarbij ik hem nog eens fl. 5 of fl. 10 ongevraagd gaf'.

Na de oorlog zou, volgens Lee, Ahlers opnieuw een poging tot chantage van Otto Frank hebben ondernomen.

Frank bevond zich na zijn terugkeer in Nederland financieel in een benarde situatie. Weliswaar was op 17 september 1944 door de Nederlandse regering in Londen onder meer bepaald dat de Verordeningen betreffende de verwijdering van de joden uit het bedrijfsleven 'geacht worden nimmer van kracht te zijn geweest'.[133] Maar daarmee was Frank nog niet uit de problemen. Zijn bedrijven vielen immers onder het Besluit Vijandelijk Vermogen,[134] omdat hij als een Duitser werd gezien. Weliswaar was hij door een Duits besluit, het *Reichsbürgergesetz* van 15 september 1935, stateloos verklaard, maar deze nazi-wetgeving werd na de bevrijding door de Nederlandse overheid niet erkend; Otto Frank werd dus als Duitser beschouwd. Hij zou moeten bewijzen dat hij zich niet anti-Nederlands had gedragen en liefst anti-Duits, zodat hij niet langer zou gelden als 'vijandelijk onderdaan in de zin van het Besluit Vijandelijk Vermogen.' Dan zou hij zijn bedrijven weer terug kunnen krijgen. Tot november 1948, toen de regering definitieve richtlijnen gaf inzake de ontvijanding van Duitsers en Oostenrijkers, had het Nederlandse Beheersinstituut (NBI) ± 8000 'ontvijandingsdossiers' in behandeling genomen.

Het NBI was de instantie die het vijandelijk (Duits) vermogen, maar bijvoorbeeld ook het vermogen van NSB'ers beheerde, en dat waren er per 1 mei 1946 in totaal al bijna 160.000. Dat Otto Frank pro-Nederlands was geweest, zouden zijn vrienden en kennissen wel kunnen getuigen, en zijn anti-Duitse gezindheid zou kunnen blijken uit zijn vertrek in 1933 naar Nederland. Maar hoe zou het NBI oordelen over zijn handelen in oorlogstijd met de Duitsers en zelfs met de *Wehrmacht*? Zou Frank geweten hebben dat het NBI daar, als het om kleine bedrijven ging en ook niet om het najagen van Duitse opdrachten, weinig werk van maakte? In het *Nieuw Israëlietisch Weekblad* wordt in de periode 1945-'47 met geen woord over deze problemen geschreven; een teken dat het *NIW* uitsluitend voor *Nederlandse* joden bedoeld was? In het in het bevrijde zuiden van Nederland opgerichte *Mededeelingenblad voor de Joden in het bevrijde Nederlandsche gebied Le-Ezrath Ha-am* (*Het volk ter hulpe*) zijn hierover slechts twee geruststellende artikeltjes te lezen.[135]

We zullen de vraag over de kennis van Otto Frank over de werkwijze van het NBI niet kunnen beantwoorden. Was Frank wellicht door zijn Duitse leveringen chantabel? Door Carol Ann Lee wordt gesteld dat Ahlers hem hiermee kon chanteren.[136] Maar is dat zo? Als alle transacties buiten de boekhouding zijn gebleven – Miep Gies spreekt in één geval over contante betalingen – dan zou Ahlers niets kunnen bewijzen en viel er niets te chanteren. Indien deze *Wehrmacht*-transacties via Ahlers' bedrijfje zouden zijn gelopen, waarvoor geen spoor van bewijs is, zou Ahlers zichzelf in een lastig parket gebracht hebben. En indien alle Duitse transacties, inclusief die aan de *Wehrmacht*, in de boekhouding stonden vermeld, zou het NBI er zelf achter zijn gekomen. Een chantagemogelijkheid lijkt in potentie aanwezig, maar in de praktijk buitengewoon onwaarschijnlijk.

In februari 1947 kreeg Otto Frank bericht dat hij niet meer gold als een 'vijandelijk onderdaan'.[137] Frank bleek nog een schuld te hebben in Zwitserland, die het NBI in beslag wilde nemen, omdat men dacht dat het eigenlijk een schuld aan *Pomosin*-Frankfurt (het 'moeder'bedrijf) betrof; een vijandelijk bedrijf dus. Eind 1950 werd een en ander in het voordeel van Frank uitgelegd en kon hij zijn schuld afbetalen.[138]

### 3 Verraad door Ahlers van Prinsengracht 263?

Tonny Ahlers heeft tegenover niemand ooit met een woord gerept over zijn – veronderstelde – chantage van Otto Frank, maar daarentegen pochte hij wel – althans binnen de familie-kring – over zijn betrokkenheid bij de arrestatie van de onder-duikers aan Prinsengracht 263. Wist Ahlers dan dat Otto Frank en de zijnen daar verscholen zaten?

*Opnieuw Ahlers' brieven uit de jaren zestig*
In de jongste versie van haar boek, de Amerikaanse editie, gaat Lee op een aantal plaatsen *met bronvermelding* in op deze vraag. In de 'private postwar letters to Silberbauer, Ahlers writes that he had known the truth about the secret annex from the time that the Franks went into hiding there',[139] hij 'began to urge Otto Frank to go into hiding'[140] en 'permitted' Otto en diens gezin 'to go into hiding for a time'.[141] Nu hoeft dat laatste niet in te houden dat Ahlers weet zou hebben van het (exacte) adres, maar even verderop schrijft Lee dat 'those same letters reveal that Ahlers knew where Otto and his family were hiding'.[142] Met deze 'letters' worden de brieven bedoeld die Ahlers in 1963 en 1964 naar Wenen heeft verstuurd.[143] In zijn laatste brief, uit december 1966, over dit onderwerp meldde Ahlers dat hij Frank in de gaten had gehouden 'until the family disappeared'.[144] In al deze gevallen zijn alleen de drie brieven die Ahlers zelf in de jaren zestig heeft verstuurd de bron. Toentertijd wisten hon-derdduizenden in Nederland en miljoenen over de wereld wáár

en onder welke omstandigheden Anne Frank en haar zeven lotgenoten waren ondergedoken: sinds de tweede helft van de jaren vijftig was het dagboek van Anne Frank immers wereldberoemd geworden. Dat Ahlers over *inside information* heeft beschikt, valt dan ook niet uit de woorden in zijn brieven af te leiden.

Hetzelfde geldt voor Ahlers' opmerking in zijn brief uit 1966 dat hij 'knew about (Otto Frank's) little game with Gies'.[145] Die gang van zaken staat in *Het Achterhuis* (5 juli 1942) beschreven, zij het dat Opekta daar 'Travies' heet en Gies & Co schuil gaat achter de naam 'Kolen & Co'.[146] Iedereen die langs de Prinsengracht was gelopen, had bij nummer 263 het bord 'Gies & Co' kunnen zien, en Ahlers was bekend in die buurt. Een type als Ahlers was ongetwijfeld in staat het één en ander te combineren.

Volgens ons moet het zeker niet worden uitgesloten dat het hier gaat om een mystificatie. Ahlers kan zichzelf in het begin van de jaren zestig een grotere rol binnen de geschiedenis van de familie Frank hebben willen toedichten dan hem toekwam. Anne Frank begon toen immers de status van megaster te benaderen. En Ahlers probeerde wellicht 'mee te liften'. Dat laatste is hem bij zijn leven niet gelukt, maar het lijkt erop dat hij er postuum in geslaagd is Carol Ann Lee een rad voor ogen te draaien.

### Ahlers' kennis van het achterhuis

Lee stelt dat Ahlers van het bestaan van een achterhuis aan Prinsengracht 263 op de hoogte kan zijn gekomen bij zijn bezoek aan Otto Frank in 1941. 'The stairs to the upper floors of the annexe' zouden toen 'clearly visible' zijn geweest.[147] Ons onderzoek ter plekke – in 2002 – wees daar niet op. Ook Miep Gies is van mening dat – al in 1941 – vanuit de gang of vanuit het kantoor van Frank de rest van het achterhuis niet te zien was.[148] Verder ontdekte Lee, zoals gezegd, dat Ahlers' moeder vóór de oorlog vijf huizen verderop in een vergelijkbaar pand aan de Prinsengracht had gewoond.[149] Op grond daarvan –

aldus Lee[150] – zou Ahlers van het bestaan van achterhuizen aan dat stuk van de gracht hebben kunnen weten. Nu zijn dergelijke huizen aan de Amsterdamse grachtengordel zeker geen zeldzaamheid en alle Amsterdammers van toen kenden het fenomeen. Dat betekent nog niet dat men er een schuilplaats voor joden in zou vermoeden.

Of Ahlers zulks vermoedde, is na de oorlog de Rijksrecherche niet gebleken. Naar aanleiding van de 'Oostenrijkse' brieven stelde die recherche in Amsterdam een onderzoek in naar 'briefschrijver Antoon Christiaan Ahlers'. Rijksrechercheur Van Helden meldde:

> Tot goed begrip diene voorts dat het zakenpand van de heer Frank gevestigd was aan de Prinsengracht 263 te Amsterdam, doch dat hij zelf elders, in Amsterdam-Zuid woonde. Later toen de familie Frank inderdaad moest onderduiken, nam zij haar intrek in het zogenaamde achterhuis van bedoeld zakenpand, een omstandigheid waarvan mij niet is kunnen blijken, dat Ahlers van dat adres, althans van die schuilplaats op de hoogte was.[151]

Merkwaardigerwijs is Lee in haar boek op grond van ditzelfde bericht overtuigd van het omgekeerde: 'the fact remains that Ahlers did know the Franks were in hiding at the Prinsengracht – as even the Dutch detectives in charge of the 1963-64 investigation were forced to concede'.[152] Het ambtelijke proza van de rechercheur lijkt ook elders de Engelse Lee parten te hebben gespeeld, want eerder[153] schrijft zij: 'The [Dutch] detectives compiled a short report on Ahlers but made several mistakes in it. They ended their declaration with an air of vague puzzlement: "It is not clear how Ahlers was familiar with the hiding place."' Dit is geen adequate vertaling van haar hierboven reeds geciteerde bron, het Rapport van de Rijksrecherche van 5 februari 1964.[154] Op dit punt vergist Lee zich.

*De familie over het verraad*

Ten slotte de familie Ahlers over het verraad. Broer Cas heeft tegenover Lee verklaard: 'Tonny told me he did it.' Tonny zou er jaren later nog trots op geweest zijn. Hij zou het voor het geld hebben gedaan en goederen uit het achterhuis hebben ingepikt.[155] Aan Lee en aan *Volkskrant*-journalist Van Walsum heeft Cas Ahlers een 'candlestick' getoond die Tonny uit het achterhuis zou hebben weggenomen. Daarnaast zou Tonny een menora (een zevenarmige kandelaar) uit de schuilplaats van de Franks in handen hebben gehad.[156] Het aanbod van Miep Gies die kandelaar te bekijken om te bezien of deze inderdaad uit de boedel van de Franks afkomstig zou kunnen zijn, heeft men naast zich neer gelegd.[157] Bij de betrouwbaarheid van het geheugen van getuige Cas plaatst Lee trouwens enige vraagtekens.[158] Dat er sprake zou zijn geweest van 'a relationship – not a friendship' tussen Ahlers en Otto Frank kwam deze Cas overigens pas na de oorlog aan de weet.[159]

Zoals gezegd verhaalde de jongste zoon Anton tegenover Lee dat hij als kind van zeven of acht jaar oud een telefoongesprek van zijn vader heeft afgeluisterd waarin deze de woorden sprak: 'I got them in and I got them out again.'[160] Tegenover ons heeft Anton dit nog eens bevestigd.[161] Hij is ervan overtuigd dat zijn vader de verrader is: 'I know it. I've always known it'.[162] Deze zekerheid ontleent hij aan zijn kennis van het karakter van zijn vader.[163] Ook Tonny's halfzuster Greet is van mening dat het verraad van de Franks 'fitted in with the character she knew' van Tonny.[164] Weduwe Martha Ahlers, ten slotte, ontkent iedere betrokkenheid van haar echtgenoot bij welk verraad dan ook.[165]

Zowel broer Cas als zoon Anton hebben de bekentenis van Tonny van hemzelf vernomen, Cas direct, Anton indirect. Afgezien van het beroep dat Anton, daarin bijgevallen door Greet, doet op de persoonlijkheidsstructuur van Tonny, zijn alle gegevens terug te voeren op Tonny zelf. In huize Ahlers nam men in de jaren zestig Tonny's verhalen over Otto Frank overigens helemaal niet serieus. 'That made him crazy, to think he was talking about all this and no one took him seriously, or even listened to him', aldus zoon Anton in de Engelse versie van Lee.[166] Dit gegeven is natuurlijk wel van belang, want waarom hechtte de familie in de jaren zestig geen geloof aan Tonny's verhalen, en deed men dat veertig jaar later wel? Wij zijn geneigd ook nu nog geen bijzondere waarde aan deze verhalen toe te kennen, want hun feitelijke basis is te smal.

*Uit de tweede hand*

Uiteraard is ook onderzoeker Lee zich ervan bewust dat het bewijs voor haar verraadthese rond Ahlers 'largely circumstantial' is, 'and his relatives have only been able to provide us with oral testimony. These people are witnesses, nonetheless – Ahlers's son in particular – but whether Tonny Ahlers was telling the truth is another matter.'[167] Inderdaad. In haar Engelse boek schreef Lee terecht dat Cas' getuigenis gebaseerd was op 'hearsay'.[168] Volgens ons geldt dat evenwel voor álle 'witnesses' van Lee, want onder hen bevindt zich geen enkele ooggetuige. Alles weet men uit de tweede hand en dan nog wel alleen van Tonny Ahlers zelve. Het geheel staat of valt met de betrouwbaarheid van deze ene figuur.

Lee vraagt zich af: 'If Ahlers was not the Frank's betrayer, then why would he lie and say he was?'[169] Zijn spreekwoordelijke grootspraak zou hier – zoals Lee eerder opmerkt[170] – wel eens aan ten grondslag hebben kunnen liggen. (Dat zou hem dan omgekeerd vrijpleiten van het verraad. Overigens reikte Ahlers openhartigheid niet heel ver, want hij hield het binnenskamers.) 'And if he was not the betrayer, then why did he hate Otto so much years after the two of them had contact – as is clear from his letters?'[171] Daar zijn natuurlijk allerlei drijfveren voor aan te voeren – jaloezie,[172] antisemitisme –, maar voor de hand ligt volgens ons toch bovenal dat Ahlers grenzeloos de pest in zal hebben gehad over het feit dat Otto Frank hem niet de hand boven het hoofd is blijven houden: Frank had hem in de winter van 1945-'46 immers laten vallen. Deze mogelijke reden voor Ahlers' haat tegen Otto Frank in de jaren zestig noemt Lee niet, maar volgens ons is het een plausibele hypothese. Dat Ahlers' haat juist in die jaren weer opflakkerde, komt waarschijnlijk door het openbarsten van de zaak-Silberbauer in dezelfde tijd.

### Martha Ahlers

Dat Ahlers zelf onbetrouwbaar was, staat wel vast. Maar geldt dat ook voor zijn vrouw Martha? Op zichzelf is die vraag niet erg interessant, maar in verband met het verraad van Prinsengracht 263 krijgt de kwestie grotere betekenis. Op de laatste bladzijden van haar boek (Amerikaanse versie) doet Lee verslag van de wederwaardigheden van het echtpaar Ahlers in 1945: Anton jr. werd geboren en twee weken later werd vader Tonny gearresteerd.[173] Zonder voldoende middelen van bestaan was moeder Martha gedwongen te verhuizen vanuit het fraaie huis in Amstelveen-Elsrijk naar de Hoofdweg in Amsterdam. Daar klopte zij noodgedwongen aan bij de Sociale Dienst. Lee citeert een aantal weinig vleiende opmerkingen van deze Dienst over Martha. Zij geeft deze weer in een Engelse vertaling en wij op onze beurt citeren het oorspronkelijke Nederlands van de ambtenaren. 'Doordat haar man voorheen veel in SD-kringen vertoefde, zou de vrouw heel sluw, achterdochtig en geraffineerd zijn' (januari 1946) en 'Dit zaakje is niet pluis. Vrouw moet politiek even onbetrouwbaar geweest zijn als man. Zij werd destijds verdacht verradersdiensten verricht te hebben voor de S.D. Er kan echter niets bewezen worden.'[174] 'No charges could be brought...'[175] Met die puntjes eindigt Lee haar boek. Zij lijkt op zijn minst te suggereren dat Martha op enigerlei wijze betrokken zou kunnen zijn geweest bij het verraad van de acht joodse onderduikers. Bewijzen daarvoor had zij bij het verschijnen van haar boek nog niet verzameld, maar in een voetnoot maakt zij melding van 'a dossier containing details of the investigation into Martha's past. And when that is found, we may know far more about the person who dialed the Gestapo headquarters in Amsterdam on that brilliant August morning in 1944. The author is currently trying to track it down.'[176] Tegenover ons gaf Lee aan dat dit uiteindelijk vergeefse moeite is gebleken.[177] In het dossier-Ahlers van de Sociale Dienst van Amsterdam wordt een ander dossier vermeld met een afwijkend nummer. Lee heeft geprobeerd ook dát dossier boven water te krijgen. Omdat dit niet is gelukt, loopt haar spoor dood.

Dat Lee na haar eerdere aanvaring met de weduwe Ahlers[178] niet opnieuw bij haar langs is gegaan, is begrijpelijk. Wij hebben het ook niet gedaan, want zij wil niet met het NIOD spreken.

# 7

# Andere verraders?

## *De nachtwaker*

In het boek van Lee komen nog meer personen voor die misschien betrokken zouden kunnen zijn bij het verraad. Bijvoorbeeld de particuliere nachtwaker M. Sleegers; deze fietste elke
avond met twee honden langs de grachten en ontdekte in april
1944 dat er in het (voor)huis van Prinsengracht 263 ingebroken
was. Vergezeld door een te hulp geroepen politieman was hij
toen het pand doorgelopen, tot aan de boekenkast die het
achterhuis afsloot.[1] Met een opmerkelijke speurzin ontdekte
Lee op het NIOD de naam 'Sleegers' in een notitieboekje van
Gezinus Gringhuis, een van de politiemannen die op 4 augustus
1944 het achterhuis binnenviel. In de Nederlandse en Engelse
versie van haar boek[2] oppert Lee de mogelijkheid dat deze
Gringhuis de politieman is geweest die met Sleegers vier maanden eerder het pand had geïnspecteerd. In haar jongste, Amerikaanse, versie laat zij deze suggestie achterwege.[3] Terecht,
want volgens de 'Dagrapporten van politie Warmoestraat'[4] was
dit 'W[acht]m[eester] Den Boef' geweest.

Er is geen dossier over Sleegers bij het Centraal Archief
Bijzondere Rechtspraak (CABR).

## *Joodsche Raad en Zentralstelle*

En dan de raadselachtige mededeling van diezelfde Gringhuis
in december 1945: hij zou van Otto Frank hebben gehoord dat
deze een anonieme brief had ontvangen waarin iemand van de
Joodsche Raad als verrader werd genoemd. Frank kende die

persoon niet, maar Gringhuis wel. Voorts zou er op de *Zentral-stelle* gesproken zijn over Franks onderduikadres. Volgens Lee is in dit geval Ahlers mogelijk de *trait-d'union* geweest tussen Joodsche Raad en *Zentralstelle*.[5] Op zichzelf is dat niet ondenkbaar, maar de feitelijke werkzaamheden van de *Zentralstelle* waren eind 1943 afgelopen[6] en de Joodsche Raad was op 29 september 1943 opgeheven.[7] Het ligt niet bijzonder voor de hand dat een of andere dubbelfunctionaris acht respectievelijk elf maanden zou hebben gewacht alvorens daadwerkelijk over te gaan tot het verraden van de hem of haar blijkbaar bekende slachtoffers.

De hiervoor al meermalen genoemde rechercheur Van Helden heeft in 1964 ook de aanwijzing van die anonieme brief nagetrokken.[8] Hem bleek dat Otto Frank die brief aan een bestuurslid van de Anne Frank Stichting had gegeven en het lukte Van Helden niet de brief weer boven water te krijgen. Wel kon de inhoud ervan worden achterhaald: 'Uw [d.i. Franks] schuilplaats te Amsterdam werd indertijd medegedeeld aan de [Zentralstelle für] Jüdische Auswanderung te Amsterdam. Euterpestraat, door A. van den Bergh [...]'. Nader onderzoek wees uit dat het hier de inmiddels overleden notaris Van den Bergh betrof, die inderdaad deel had uitgemaakt van de Joodsche Raad. Alhoewel het door Van Helden 'niet met bewijzen kon worden gestaafd' moest 'echter aangenomen worden' dat deze notaris nimmer namen aan de *Zentralstelle* heeft verstrekt. Sterker nog: 'uit verkregen inlichtingen' was Van Helden 'gebleken dat aan de integriteit van deze man [de notaris] niet behoeft te worden getwijfeld'. De zaak rond de anonieme brief die Frank had ontvangen is dus wel degelijk onderzocht. Daarbij dook de naam van een notaris op, niet die van Ahlers.

### Jan van Eyckstraat 22-1

Per november 1943 had Ahlers met vrouw en eerste kind een fraai appartement aan de Jan van Eyckstraat in Amsterdam betrokken. Deze straat lag als het ware ingeklemd tussen de

*Zentralstelle* en de *Expositur* van de Joodsche Raad.[9] De woning was voorheen door joden bewoond geweest. Ahlers had het huis door bemiddeling van de SD verkregen.[10] Dit was niet ongebruikelijk, want direct na de oorlog was al 'bekend dat de huizen van joodsche families door deze instantie [waarschijnlijk *Einsatzstab Rosenberg*] ontruimd werden en dat deze dienststelle o.a. ook het meubilair, ter beschikking stelde van het B.d.S. [*Befehlshaber der Sicherheitspolizei und des SD*]'.[11] Het was dus ook geenszins ongewoon dat, toen het gezin Ahlers op 20 april 1944 metterwoon naar Amstelveen vertrokken was, er uiteindelijk – op 3 augustus 1944 – wederom een SD'er in dat huis aan de Van Eyckstraat introk.[12] Deze SD'er was Maarten Kuiper, berucht jodenjager én kennis van Ahlers. Dit gegeven plus de onheilspellende datum 3 augustus, één dag voordat de familie Frank werd opgepakt, heeft er in de media – niet expliciet in de boeken van Lee – toe geleid dat er een verband tussen beide omstandigheden is gelegd.[13] Volgens ons ten onrechte – alsof Ahlers aan Kuiper als het ware met de verhuisdozen op de trap het onderduikadres aan de Prinsengracht zou hebben doorgebriefd. Ahlers was per slot van rekening al drie maanden eerder vertrokken. Beide mannen kenden elkaar trouwens al langer, waarschijnlijk al vanaf begin 1944.[14]

### Ans van Dijk en Branca Simons

Lee vermeldt voorts dat de Nederlandse Rijksrecherche in 1963-'64 op een geval van verraad aan de Prinsengracht 'in the immediate surroundings' van het achterhuis was gestoten. Dit verraad van twee joodse onderduikers door de V-vrouwen Ans van Dijk en Branca Simons had plaatsgehad twee dagen voor de inval in het achterhuis.[15] Voor zijn studie *Als slachtoffers daders worden. De zaak van de joodse verraadster Ans van Dijk* maakte Koos Groen gebruik van dossiers van de Bijzondere Rechtspleging, naoorlogse kranten enzovoorts. Groen legt geen enkel verband tussen het verraad van Prinsengracht 263 en de activiteiten van Van Dijk en/of Simons. Ans van Dijk werd na de oorlog gefusilleerd; de doodstraf van haar collega Branca Simons werd omgezet in levenslange gevangenisstraf.

### Jansens zoon

Ten slotte is door Ahlers de zoon van Joseph Jansen nog als verrader aangemerkt.[16] Ahlers had dit in 1966 tegenover het Nederlandse blad *Revue* gedaan[17] en in 1964 al tegenover Silberbauer. Jansens zoon had in het pakhuis van Otto's bedrijf gewerkt.[18] Vader Jansen heeft zijn beide zoons bij de Duitsers aangegeven.[19] In zijn al herhaaldelijk genoemde brief uit 1964 aan Silberbauer verwijst Ahlers naar Franks brief van 21 augustus 1945. Daarin rept Frank met een enkel woord over deze zoon: 'Ook een zoon van den heer Jansen was in het magazijn werkzaam.' En Frank vervolgt: 'De heer Jansen zelf hielp vaak bij het opbouwen van stands op tentoonstellingen e.d. U ziet dus de familie was wel bekend en hebben zich zakelijk goed gedragen'. Dat het gedrag van Jansen sr. buiten het strikt 'zakelijke' allesbehalve goed is geweest, blijkt zonneklaar uit de rest van Franks brief, waarin hij immers vertelt hoe Ahlers hem de gevaarlijke brief van Jansen in handen heeft gespeeld. Maar over de zoon verder geen woord. Dat 'Frank zijn medewerkers Jansen dan ook positief als zijn verraders', let op het meervoud, zou hebben aangewezen, zoals Ahlers in 1964 leest, is onjuist. Waarop Ahlers in 1966 doelde toen hij schreef over Otto Franks 'wetenschap betreffende de meest waarschijnlijke magazijnbediende/verrader Jansen junior', is volstrekt duister.

### Bundesarchiv Koblenz, National Archives

In maart 1964 zat de Rijksrecherche opnieuw achter 'de identiteit van de verrader(s) van de familie Frank' aan. Rechercheur Van Helden was op dienstreis naar München en Wenen geweest en had aan zijn chef, de commissaris van rijkspolitie Taconis, gerapporteerd dat er in Koblenz archiefstukken zouden zijn over premies die in het bezette Nederland waren uitbetaald voor aangehouden joodse ingezetenen. Naar aanleiding van dit rapport stuurde deze commissaris onmiddellijk een brief naar de Officier van Justitie:

> Naar onlangs bij onze dienst bekend is geworden, berusten sedert kort bij het Bundesarchiv te Koblenz (Dld), diverse uit Amerika verkregen bescheiden, o.m. betrekking hebbende op de verschillende Duitse bezettingsorganen gedurende Wereldoorlog II. In Band 173-J-10-16/43 (neu 2581 en neu 2583) bevinden zich in de pagina's 42 tot en met 49, bepaalde gegevens, betrekking hebbende op destijds in Nederland betaalde premies voor de arrestatie van Joden.[20]

Daarbij bevonden zich ook diverse namen van voormalige politiemannen.[21] De commissaris gaf de Officier in overweging kopieën bij het *Bundesarchiv* op te vragen. Of de Officier hiertoe is overgegaan, blijkt niet.

Wij hebben dat intussen wel gedaan. Het Duitse *Bundesarchiv* meldde ons in 2002 dat zij indertijd kopieën vanuit Amerika had ontvangen, maar dat de opgegeven aanduidingen hen niet verder brachten. Het *Archiv* verwees ons naar de *National Archives* in Washington. Het nadere onderzoek dat daar op ons verzoek is uitgevoerd, leverde niets op.[22]

Terecht heeft Lee zich erover beklaagd dat men in de jaren zestig het spoor dat naar de archieven in het *Bundesarchiv* leidde, niet heeft gevolgd.[23] Nu dat alsnog wel is gebeurd, blijkt dit, zelfs met een omweg via de Verenigde Staten, niets op te leveren.

### Onvoorzichtigheid

De bewoners van het achterhuis waren zich er zeer bewust van dat niemand hen daar mocht zien of horen, zoals Anne op 11 juli 1942 schrijft:

Ook in andere dingen zijn wij erg bang dat de buren ons zouden kunnen horen of zien. Direct de eerste dag hebben we de gordijnen genaaid. Eigenlijk mag men niet van gordijnen spreken want het zijn enkel losse kille lappen, totaal verschillend van vorm, die vader en ik erg onvakkundig aan elkaar naaiden. Met punaises zijn deze pronkstukken voor de ramen bevestigd om er vóór het einde van onze onderduik nooit meer af te komen.[24]

Dat geldt dus voor de achterkant, die op de tuin uitziet. Anne meldt op 28 november 1942 dat ze 's avonds met een verrekijker in de verlichte kamers van de achterburen kijkt. 'Overdag mogen onze gordijnen nooit één centimeter opzij, maar als 't zo donker is, kan dat geen kwaad.'[25]

Maar de onderduikers komen ook aan de voorkant, bijvoorbeeld op zaterdagmiddag, voor de wekelijkse wasbeurt. Daar gaan dan de gordijnen dicht en wordt er om de beurt gewassen, 'terwijl diegene die niet aan de beurt is, door een kier van het gordijn uit het raam kijkt, en zich over de grappige mensen verbaast'.[26] De behoefte om naar buiten te kijken, blijft vanzelfsprekend: op 3 november 1943 schrijft Anne dat een van de onderduikers soms een bevlieging krijgt en éven naar buiten moet kijken. Na de verwijten is het dan het antwoord: 'Dat ziet men toch niet.'[27] In het voorjaar van 1944 is het weer mis. Anne schrijft op 11 april van dat jaar: 'Peters raam mag niet meer open, daar de man van Keg het raam open heeft gezien.' (Aan Prinsengracht 265 was de theehandel en koffiebranderij C. Keg's Groothandel N.V. gevestigd.) Dat gebeurde kennelijk vaker, want op 15 april 1944 is in Annes dagboek te lezen dat 'onze ramen' openstonden '…en ook dat zag Keg. Wat zullen ze bij Keg wel denken?' Anne schrijft een paar maanden later dat ze zelf ook op een avond naar beneden is gegaan, 'en keek naar buiten uit 't raam van privé-kantoor en keuken'.[28]

Onvoorzichtig? Ongetwijfeld, hoe begrijpelijk het ook lijkt. Maar deze onvoorzichtigheid, en in het dagboek zijn meer

voorbeelden van onvoorzichtig gedrag te lezen, kán een belangrijke factor bij het verraad hebben gespeeld.

Anne Frank, 1942 (AFF/AFS)

# 8

# Conclusie

De conclusie uit ons onderzoek is dat wij geen van de drie verdachten voor de verradersrol in aanmerking vinden komen. Naar Willem van Maaren is tot twee keer toe onderzoek gedaan, zij het in 1947-'48 niet heel deugdelijk. Maar bij het heropende onderzoek in 1963-'64 is er geen enkel nader bewijs voor het verraad bijgekomen en is de gerechtelijke vervolging terecht gestaakt. Voor Lena Hartog-van Bladeren vinden wij geen positief bewijs dat zij wist dat er joden ondergedoken waren in het achterhuis van Prinsengracht 263. Daarnaast vinden wij het motief dat zij bang was voor het lot van haar man, die daar in het magazijn werkte, niet overtuigend. Waarom zou hij die fatale dag dan niet zijn thuisgebleven, want nu liep hij de kans ook zelf gearresteerd te worden. De link naar het onzekere lot van haar zoon is eigenaardig. Deze zat vrijwillig op zee bij de *Kriegsmarine* en natuurlijk zal zijn moeder ongerust over hem zijn geweest, maar hij kwam pas om in mei 1945 en zijn dood werd zeven jaar na de oorlog officieel bekendgemaakt.

En Tonny Ahlers als verrader en chanteur? Inderdaad, hij heeft voor de SD gewerkt, maar hij is na de oorlog niet veroordeeld voor verraad of wat dan ook, hoewel hem wel een aantal rechten (bijvoorbeeld het actief en passief kiesrecht) werden ontnomen, zoals ook bij Van Maaren in eerste instantie het geval was. Uit alles blijkt dat hij weliswaar niet altijd aan de juiste kant van de wet leefde, maar dat hij vooral opviel door zijn opschepperij en onbetrouwbaarheid. En juist deze man is, naast zijn eigen familie, de voornaamste bron van Carol Ann Lee's these. Het feit dat sommige familieleden gezegd hebben dat Tonny inderdaad een slechterik was en zeker de familie Frank heeft verraden, zegt zonder nader bewijsmateriaal niet veel. In elk geval niet over de historische waarheid, hoogstens over de familieverhoudingen.

Carol Ann Lee had ons inziens ook kritischer met haar bronnen moeten omgaan. Dat ze veronderstelt dat het bedrijf van Otto Frank niet zomaar aan de *Wehrmacht* leverde, maar aan het *Oberkommando* zelf, kan aan onzorgvuldig lezen liggen. Maar om uit het feit dat de naam Ahlers enige keren in de agenda van Otto Frank staat, te concluderen dat Otto Frank zijn verrader en chanteur in de gevangenis heeft opgezocht, is bouwen op drijfzand. In de herdrukken van haar boek heeft Lee dit zelf ook al gedeeltelijk gecorrigeerd. Wij achten niet bewezen dat Ahlers wist dat Otto Frank met zeven anderen ondergedoken zat op Prinsengracht 263. Bij zijn bezoek aan Frank in 1941 heeft Ahlers geen toegang tot het toen overigens nog niet verborgen achterhuis kunnen zien. Carol Ann Lee had dit zelf kunnen constateren bij een bezoek aan Prinsengracht 263.

Het overhandigen van de denunciatiebrief in april 1941 aan Otto Frank mag als chantage worden aangemerkt, hoewel Otto Frank dat anders zag. Voor enige verdere vorm van chantage is geen bewijs te leveren, noch voor de periode vlak na de oorlog, noch voor 1964-'80. En als Ahlers Otto Frank tot aan diens dood chanteerde, waarom zou hij niet doorgegaan zijn door de weduwe Frank te chanteren?

Carol Ann Lee ziet Tonny Ahlers als een gewetenloze en gewiekste misdadiger met tal van Duitse connecties, en gelooft bijna alles wat hij gezegd heeft, zoals zij ook onvoorwaardelijk een kroongetuige gelooft die zich nu nog letterlijk een telefoongesprek zegt te kunnen herinneren dat hij bijna vijftig jaar geleden als zevenjarige heeft afgeluisterd. Wij, op onze beurt, zien Tonny Ahlers als een kleine crimineel die zich met tal van louche zaakjes bezighield, vóór, tijdens en na de oorlog, en die bij de SD in het gevlei probeerde te komen. Maar wij zien hem vooral als een praatjesmaker, die zich veel groter voordeed dan hij in werkelijkheid was. Iemand om voor op te passen, maar vooral iemand om niet zomaar te geloven.

Wij zijn bij ons onderzoek dus niet op een dader gestoten. Doet het NIOD daarmee de finale uitspraak over het verraad van Prinsengracht 263? Nee. Er zijn in theorie mogelijkheden om grootschaliger onderzoek te doen dan wij gedaan hebben, maar dat zou ons inziens niet tot een beter resultaat leiden. Wie in zijn eentje is ondergedoken in een klein dorpje, waar iedereen, inclusief de dorps-NSB'er, ervan af weet, maar waar niemand het in zijn hoofd haalt naar de Duitsers te gaan, heeft een hoge overlevingskans. Met acht mensen in de binnenstad van Amsterdam ondergedoken te zitten, waarbij je zelfs bang moet zijn voor de magazijnknecht in je oude zaak en niet weet wat je buren weten en doen, dat maakt je overlevingskansen kleiner. Het achterhuis kon en kan door ten minste honderd (en dat is een zeer lage schatting) bewoners van de Keizersgracht, de Leliegracht en de Westermarkt worden gezien. Heeft het zin om alle toenmalige bewoners via het Amsterdamse Gemeentearchief te achterhalen en hun oorlogsverleden uit te zoeken? Wij denken van niet. Ten eerste staat niet iedereen officieel ingeschreven bij het Bevolkingsregister, ten tweede kun je niet van iedereen zomaar een strafdossier inzien bij het Nationaal Archief, ten derde hoeft de verrader niet per se 'fout' in de politieke zin zijn geweest (maar uiteraard wel slecht), en ten vierde zou het eventuele verraad ook gepleegd kunnen zijn door een bezoeker van een van die bewoners of een toevallige passant.

Het is dus goed mogelijk dat het toeval een veel grotere rol gespeeld heeft dan tot dusverre is aangenomen en dat er minder moet worden uitgegaan van een doelbewuste poging om de familie Frank en de vier anderen aan de Duitsers uit te leveren. En wellicht was het fatale telefoontje naar de *Aussenstelle* niet van een al of niet anonieme verrader, maar van een andere

Duitse of Nederlandse politiefunctionaris die een verraderlijke brief had ontvangen.

De 8.000 à 9.000 ondergedoken joden die toch in handen van hun vervolgers zijn gevallen, zijn uiteindelijk door verraad aan de vijand overgeleverd. Het is aan te nemen dat van de echte verraders maar een klein deel voor de rechter is gekomen; een jodenjager als Kaper, die na de oorlog geëxecuteerd is, kon zijn werk niet doen zonder verraad van anderen.

Wij moeten helaas vasthouden aan hetgeen wij in 1986 al vaststelden: 'De juiste toedracht zal niet meer gereconstrueerd kunnen worden.'[1] Dat is natuurlijk jammer, want wij hadden vanzelfsprekend graag de dader (of meerdere daders) willen onthullen, zodat dit deel van het verhaal rond Anne Frank afgerond zou kunnen zijn. Dat is dus niet het geval. Niet uitgesloten is dan ook dat in de toekomst nieuwe verraadhypothesen naar voren komen. Of deze hypothesen op bronnen zullen zijn gefundeerd, zal moeten worden afgewacht.

# Noten

## Hoofdstuk 2

1 Flim, 146.
2 NIOD, Doc. I, K.L. Diepgrond
3 Kolfschooten, 81.
4 Van Liempt, 95.
5 NIOD, Doc. I, Abraham Kaper, stuk 2, p. 4.
6 Verhoor 28 oktober 1946. NA, CABR, dossier G. Gringhuis.
7 Moore, 255.
8 Kolfschoten, 82-85.
9 Inleiding bij de inventaris-en regestenlijst van het archief van de HSSPF, aanwezig op het NIOD.

## Hoofdstuk 3

1 *De Dagboeken*, 257, 9 juli 1942.
2 Moore, 188-189.
3 Wij baseren ons in eerste instantie op de inleiding in *De Dagboeken van Anne Frank*, 25-32.

## Hoofdstuk 4

1 Zie Trienekens.
2 Klemann, 569.
3 Klemann, 66.
4 NIOD, *Zentralauftragstelle*.

5 Wij volgen hier de inleiding van *De Dagboeken van Anne Frank*, 11-18.
6 NIOD, *Zentralauftragstelle*.
7 Gies, 77, 208.
8 Gies, 208-9.
9 Verklaring inzake Gies & Co. NIOD, Doc. I, W.G. van Maaren.
10 *Verborgen leven*, 88.

## Hoofdstuk 5

1 Zie de inleiding bij *De Dagboeken*, 33-56.
2 PRA-verhoor, 12 januari 1948. NIOD, Doc. I, W.G. van Maaren.
3 PRA-verhoor, 14 januari 1948. NIOD, Doc. I, W.G. van Maaren.
4 PRA-verhoor, 14 januari 1948. NIOD, Doc. I, W.G. van Maaren.
5 Verhoor Rijksrecherche Amsterdam, 23 december 1963. NIOD, Doc. I, K.J. Silberbauer.
6 Müller, 207.
7 *Hidden Life*, 3.
8 *Verborgen leven*, 83; *Hidden Life*, 59-60; *Harper*, 73-75.
9 *Verborgen leven*, 76.
10 *Verborgen leven*, 84-86, 182; *Hidden Life*, 60-62, 153; *Harper*, 76, 188.
11 *Verborgen leven*, 86.

[12] *Hidden Life*, 62; *Harper*, 76.

[13] *Harper*, 81-82.

[14] *Harper*, 76.

[15] *Verborgen leven*, 87, 184; *Hidden Life*, 63, 64; Manuscript hoofdstuk Epilogue 46 met noot 1333.

[16] *Verborgen leven*, 107; *Hidden Life*, 83; *Harper*, 80, 104.

[17] *Verborgen leven*, 95; *Hidden Life*, 71; Ms. hfst. Epilogue 46.

[18] *Verborgen leven*, 87, 311; *Hidden Life*, 63, 266.

[19] *Verborgen leven*, 107.

[20] *Harper* XVI, 126, 206.

[21] *Verborgen leven*, 182.

[22] *Hidden Life*, 152.

[23] *Hidden Life*, 152.

[24] *Verborgen leven*, 184; *Hidden Life*, 154.

[25] *Verborgen leven*, 184-185; *Hidden Life*, 155.

[26] Brief 27 december 1963, *Verborgen leven*, 311; *Hidden Life*, 266; Ms. noot 1368.

[27] Brief 15 januari 1964, zie: *Verborgen leven*, 311-312; *Hidden Life*, 266.

[28] *Verborgen leven*, 107; 'permitted', *Hidden Life*, 83.

[29] *Verborgen leven*, 123; *Hidden Life*, 97.

[30] *Verborgen leven*, 87; *Hidden Life*, 63, 298; *Harper*, 5, 77, 317.

[31] *Hidden Life*, 298.

[32] *Harper*, 5-6 en 58.

[33] *Verborgen leven*, 123; *Hidden Life*, 97; *Harper*, 125, 129.

[34] *Harper*, 124.

[35] *Verborgen leven*, 122-123; *Hidden Life*, 97-98; *Harper*, 129.

[36] *Verborgen leven*, 127; 'believes' *Hidden Life*, 100.

[37] *Verborgen leven*, 127; *Hidden Life*, 100.

[38] *Verborgen leven*, 293; *Harper*, 129.

[39] *Verborgen leven*, 215; *Hidden Life*, 181.

[40] *Verborgen leven* 203; *Hidden Life* 172; *Harper* 207.

[41] *Verborgen leven* 184; *Hidden Life* 155; *Harper* 190, 207.

[42] *Verborgen leven* 311, 312; *Hidden Life* 266, 267.

[43] *Hidden Life* 293-294.

[44] *Harper*, 285-286.

[45] Nog niet in *Verborgen leven*, wel *Hidden Life* 293-294, 297; *Harper* 284.

[46] *Harper* Collins: februari 2003. Deze Amerikaanse editie is dus het meest up-to-date; hierin heeft Lee gebruik gemaakt van haar laatste gegevens. De gangbare praktijk binnen het wetenschappelijk bedrijf is dat men zich baseert op een dergelijke jongste editie. Desalniettemin zijn wij van mening dat we daar niet mee zouden hebben kunnen volstaan: in Nederlandse kranten en op de Nederlandse televisie is er vorig jaar bijzonder veel aandacht besteed aan Lee's theorie. Dit betrof uiteraard haar Nederlandstalige boek. Vandaar dat we aan die (eerste) publicatie niet konden voorbijgaan en hier de eventuele verschillen tussen dat boek en een latere versie signaleren. Wij zijn ons ervan bewust dat dit niet gebruikelijk is.

[47] *Hidden Life*, 292-299.

[48] Vgl. *Harper* XVIII.

## Hoofdstuk 6

[1] Brief Van Helden aan OvJ, 3 november 1964, NIOD, Doc. I, W.G. van Maaren.

[2] Brief V. Kugler aan Miep Gies, 11 februari 1964. Anne Frank Stichting.

[3] O. Frank aan P.A. Gijsbertsen, 18 februari 1975. Anne Frank Stichting.

[4] PRA-verhoor, 10 maart 1948. NIOD, Doc. I, W.G. van Maaren.

[5] Müller, 207.

[6] PRA-verhoor, 20 maart 1948. NIOD, Doc. I, W.G. van Maaren.

[7] PRA-verhoor, 12 januari 1948. NIOD, Doc. I, W.G. van Maaren.

[8] *Harper*, 323-324.

[9] Brief Otto Frank, 27 november 1945. NA, CABR, dossier J.M. Jansen en dossier A.C. Ahlers; brief Otto Frank aan BNV, 21 augustus 1945. NA, BNV, dossier A.C. Ahlers; NIOD, Doc. I, J.M. Jansen; Schnabel, 58; Unger, 3, 106; en BNV 2368, brief Frank aan BNV dd 21 aug. 1945; NIOD, Doc. I, J.M. Jansen; Ernst Schnabel: *Anne Harper*, 76, 188.

[10] *Verborgen leven*, 84; 'several descriptions' *Hidden Life*, 60; 'several versions' *Harper*, 74.

[11] *Verborgen leven*, 87; *Hidden Life*, 63; *Harper*, 77.

[12] *Verborgen leven*, 87.

[13] *Verborgen leven*, 86.

[14] *Hidden Life*, 62; *Harper*, 76.

[15] *Verborgen leven*, 86; 'regular visits', *Hidden Life*, 62; *Harper*, 77.

[16] Brief Frank aan BNV, 21 augustus 1945.

[17] *Verborgen leven*, 86.

[18] *Verborgen leven*, 182.

[19] *Hidden Life*, 62.

[20] *Hidden Life* 153; in *Harper* 76 zijn deze woorden komen te vervallen.

[21] *Hidden Life*, 62; *Harper*, 76.

[22] Ms. Noot 1323.

[23] *Harper*, 76-77.

[24] Zij had in eerste instantie het onduidelijke jaartal verkeerd ontcijferd: er staat 1966 (zie ook *Harper* o.m. noot 3 op p. 343 en noot 55 op p. 374). Anton Ahlers en de familie Van Maaren bezitten er afschriften van (e-mail Lee aan auteurs 26 maart 2003), en Lee een fotokopie. In *De Mare*, een uitgave van het Van Ma(a)ren Genootschap, staat een kopie afgedrukt. De familie Van Maaren was zo vriendelijk ons het juiste nummer van dit 'Familieorgaan' ($2^e$ jaargang , nummer 1) toe te sturen. Ahlers' brief uit 1966 is gericht aan de redactie van De Geïllustreerde Pers in Amsterdam, ter attentie van T[heo] de Goede, journalist van het Nederlandse weekblad *Revue* (zie ook *Verborgen leven*, 312; *Hidden Life*, 266).

[25] *Verborgen leven*, 312; *Hidden Life*, 266-267; *Harper*, 282.

[26] Vergelijk Ms. noot 1330 waarin zij naar diezelfde brief van 20 december 1964 [= 1966] verwijst met de aantekening 'Ahlers makes the same claim in other letters'.

[27] Brief Ahlers aan Silberbauer, 15 januari 1964. NIOD, Doc. I, K.J. Silberbauer, stuk 7.

[28] *Verborgen leven*, 184; *Hidden Life*, 154.

[29] *Verborgen leven* 107; *Hidden Life*, 83.

[30] *Harper*, 80; Ms. noot 1333.

[31] Gesprek Lee met DB/vdS 27 september 2002.

[32] *Hidden Life*, 62; 'alle beschikbare brieven en documenten' *Verborgen leven*, 86; *Harper*, 77.

[33] PV POD, 11 februari 1946. NA, CABR dossier A.C. Ahlers.

[34] NA, CABR dossier A.C. Ahlers.

[35] Kantbriefje 30 januari 1946 van commissaris IJ. Taconis aan rijksrechercheur [A.J.] van Helden. NIOD, Doc. I, K.J. Silberbauer, stuk 7; bevestigd door Anton Ahlers [jr.], gesprek met DB/vdS, 21 februari 2003.

[36] *Harper*, 283.

[37] Vgl. *Harper* 283 met noot 57 op p. 374.

[38] *Hidden Life*, 292 e.v.; *de Volkskrant*, 23 maart 2002.

[39] *Hidden Life*, 298.

[40] Brieven 9 juli 2002 en 16 december 2002, telefoongesprek 3 maart 2003, brief 2 april 2003.

[41] *Harper*, 320.

[42] Gesprek DB/vdS, 21 februari 2003.

[43] *Verborgen leven*, 182; *Hidden Life*, 152-153; Ms. hfst. Epilogue 49 met noot 1348.

[44] *Aalders/Hilbrink*, 93; Engelen, hfst. 4; De Jong VII, 506-509.

[45] NA, BNV, dossier A.C. Ahlers.

[46] *Harper*, 188, zie ook 75-76.

[47] NA, CABR, dossier J.M. Jansen.

[48] NA, CABR, dossier A.C. Ahlers.

[49] Zie bijv. de inleiding op *De Dagboeken*, p. 83 met noot 58.

[50] *Hidden Life*, 153.

[51] *Verborgen leven*, 183.

[52] *Hidden Life*, 152.

[53] *Verborgen leven*, 182.

[54] *Harper*, 187.

[55] NA, CABR.

[56] PV, 21 september 1946. NA, BNV, dossier A.C. Ahlers.

[57] *Harper*, 191.

[58] *Harper*, noot 17 op p. 363.

[59] Sociale Dienst Amsterdam, Centraal Bureau voor Maatschappelijk Hulpbetoon, dossiernummer 85096.

[60] Staat van Inlichtingen, p. 1. NA, CABR, dossier A.C. Ahlers.

[61] Staat van inlichtingen, p. 8.

[62] Blom e.a., band 1, p. 193-194.

[63] *Hidden Life*, 152; volgens ons niet in *Verborgen leven* – vergelijk dáár p. 182 – noch in *Harper* – vergelijk daar p. 185-186.

[64] Schnabel, 58.

[65] *Harper*, 206.

[66] Volgens Lee zouden ook de twee data in augustus een vrijdag respectievelijk een maandag zijn geweest (*Verborgen leven*, 184; *Hidden Life*, 153; *Harper*, 188-189). Dit is niet juist: 30 augustus 1945 viel op een donderdag. Uit de dagen van de week valt dan ook niets af te leiden.

[67] Belinfante, 187.

[68] Cit. bij De Jong XII 513.

[69] De Jong XII 514; Belinfante 200; Terwiel 68.

[70] Het betreft m.n. de Verordening Bewarings- en Verblijfskampen van 4 april 1945 die de chef MG aan de desbetreffende commandanten deed uitgaan (De Jong XII 515; Belinfante 162, 175).

[71] Terwiel 72-73.

[72] NA (RA-ZH).

73 NA (Rijksarchief Zuid-Holland), toegangnr. 3.05.04, inv.nrs.
381, 382, 397, 413, 417, 480 en 483.
74 *Harper*, 190.
75 *Harper*, noot 11 op p. 363.
76 Gesprek met DB/vdS, 21 februari
2003.
77 *Harper*, 187.
78 Gesprek Ahlers jr. met DB/vdS,
21 februari 2003.
79 *Harper*, 187-188.
80 *Harper*, 187.
81 *Harper*, 188.
82 *Harper*, 191.
83 NA, BNV, dossier A.C. Ahlers.
84 Hiervoor: Engelen 122-123.
85 Over deze POD: De Jong XII
500, 538, en Hilbrink 1995 205; over
eerder arrestatiebeleid: De Jong Xa,
hfst. 12.
86 Dossier Sociale Dienst Amsterdam.
87 Dossier Sociale Dienst Amsterdam.
88 Ook in *Harper*, 207.
89 Getuigenis Martha Ahlers. Dossier Sociale Dienst.
90 11 december 1946.
91 22 februari 1947.
92 *Algemeen Handelsblad* 28 maart
1949; alle knipsels in NIOD, KB-II
323.
93 Brief ministerie van Binnenlandse Zaken aan NIOD, 31 oktober
2002.
94 Deze Jacob Jochem Davids is dezelfde als Tjerk Davids, en betrokken bij het laten ontsnappen van de
verrader en onderwereldfiguur
Dries Riphagen (Aalders/Hilbrink,
162-164). Met dank aan dr. G. Aalders.

95 NA, BNV dossier A.C. Ahlers.
96 Schnabel, 58; vergelijk ook Unger 1977 3 en 106.
97 *Verborgen leven*, 203; *Hidden
Life*, 172; *Harper*, 207.
98 *Verborgen leven*, 215; *Hidden Life*,
181; *Harper*, 218.
99 *Harper*, 192, 205.
100 NA, CABR, dossier A.C. Ahlers.
101 *Hidden Life*, 293-294; *Harper*,
284; *De Volkskrant* 23 maart 2002.
102 *Hidden Life*, 294.
103 *Harper*, 317.
104 *Hidden Life*, 294.
105 Gesprek DB/vdS, 27 september
2002.
106 *Harper*, 190 met noot 12 op p.
363; ook p. 80.
107 Gesprek DB/vdS, 21 februari
2003.
108 *Hidden Life*, 295; *Harper*, 129.
De bronopgave in de desbetreffende noot 30 (op *Harper*, 357) kan
niet juist zijn. Deze getuigenis van
zoon Anton zou te vinden zijn in
een NIOD-dossier, wat niet het geval is.
109 *Hidden Life*, 296; *Harper*, 283.
110 Gesprek DB/vdS, 21 februari 2003.
111 Ms. noot 1382.
112 *Hidden Life*, 297; *Harper*, 284.
113 *Hidden Life*, 297; *Harper*, 284.
114 *Harper*, 286.
115 *Harper*, 317.
116 Gesprek DB/vdS, 21 februari
2003.
117 Gesprek Ahlers jr. met DB/vdS,
21 februari 2003.
118 Gesprek Lee met DB/vdS, 27 september 2002.
119 Brief Ahlers aan RIOD, 7 juni
1962.

[120] Dl. 1 (1961) Amsterdam: Querido, 166. Ook in Presser I (1977), t.o. p. 80.

[121] Brief L. de Jong aan Ahlers, 26 juni 1962. NIOD, Correspondentiearchief 1962, VII TV-uitzending.

[122] Gesprek Ahlers jr. met DB/vdS, 21 februari 2003; vergelijk *Hidden Life*, 295.

[123] *Harper*, 284.

[124] *Hidden Life*, 297; *Harper*, 284-285.

[125] 'Basisadministratie persoonsgegevens' bevolkingsregister Amsterdam.

[126] *Harper*, 77.

[127] Gesprek met DB/vdS 27 september 2002.

[128] *Verborgen leven*, 185.

[129] *Hidden Life*, 155; *Harper*, 191.

[130] *Verborgen leven*, 185; *Hidden Life*, 155; *Harper*, 191.

[131] De Jong VII, 261-263.

[132] *Trouw*, 28 mei 1999.

[133] Besluit, houdende vaststelling van het Besluit Bezettingsmaatregelen, 17 september 1944, E 93.

[134] E 133.

[135] *Le-Ezrath*, nr. 7, april 1945 en nr. 16/17, juli 1945.

[136] *Verborgen leven*, 282.

[137] NA, NBI, dossier Opekta.

[138] Zie hiervoor ook *De Dagboeken van Anne Frank*, p. 65-67.

[139] *Harper*, 83; *Hidden Life*, 67.

[140] *Harper*, 317.

[141] *Harper*, 104.

[142] *Harper*, 125; *Hidden Life*, 97.

[143] *Harper*, respectievelijk n. 46 op p. 353; n. 6 op p. 378 en n. 23 op p. 355.

[144] *Harper*, 317, met n. 5 op p. 378.

[145] *Harper*, 88.

[146] Zie: *De Dagboeken*, p. 250 en vergelijk daar de inleiding, p. 11 en volgende.

[147] *Hidden Life*, 63, 298.

[148] Gesprek met DB/vdS, 7 maart 2003.

[149] *Harper* 5-6 en 58; volgens 'basisadministratie persoonsgegevens' Register Amsterdam van september 1937 tot oktober 1938.

[150] *Hidden Life*, 298.

[151] Rapport 5 februari 1964. NIOD, Doc. I, K.J. Silberbauer, stuk 8.

[152] *Harper*, 318, met noot 7 op p. 378.

[153] *Harper*, 287.

[154] Zie *Harper*, 287, met noot 67 op p. 374.

[155] *Harper* XVII, 129.

[156] *Hidden Life*, 292, 294; *Harper*, 129.

[157] Gesprek Miep Gies met DB/vdS, 7 maart 2003; gesprek Cor Suijk met vdS, 10 maart 2003.

[158] *Harper*, 316.

[159] *Hidden Life*, 293.

[160] *Hidden Life*, 295; *Harper*, 129.

[161] Gesprek DB/vdS, 21 februari 2003.

[162] *Harper*, 316 en vergelijk XV.

[163] Gesprek DB/vdS, 21 februari 2003.

[164] *Harper*, 317.

[165] *Harper*, 320.

[166] *Hidden Life*, 296; *Harper*, 283.

[167] *Harper*, 315.

[168] *Hidden Life*, 294.

[169] *Harper*, 318.

[170] *Harper*, 315.

[171] *Harper*, 318.

[172] *Harper*, 283.

[173] *Harper*, 321 en volgende.

[174] Dossier Sociale Dienst.

[175] *Harper*, 325.

[176] *Harper*, noot 31 op p. 379.

[177] Gesprek vdS, 28 februari 2003.

[178] *Harper*, 320.

## Hoofdstuk 7

[1] *De Dagboeken*, 641-642.

[2] *Verborgen leven*, 118; *Hidden Life*, 94.

[3] *Harper*, 119.

[4] Gemeentearchief Amsterdam olim 1792, sub 9-4-1944, 23.25 uur.

[5] *Verborgen leven*, 215-216; *Hidden Life*, 182; *Harper*, 219, met noten 26 en 27 op p. 367.

[6] Kolfschooten, 81.

[7] Presser I, 385-387; De Jong VII, 310 e.v.

[8] PV, 9 november 1964. NIOD, Doc. I, W.G. van Maaren.

[9] *Harper*, 106-107

[10] Staat van Inlichtingen, 14 december 1948, NA, CABR, dossier Ahlers.

[11] NIOD, Doc. II, Befehlshaber der Sicherheitspolizei und des SD, a, stuk 2, p. 9.

[12] *Verborgen leven*, 123; *Hidden Life*, 98.

[13] *De Volkskrant*, 16/17 maart 2002.

[14] *Hidden Life*, 85; *Harper*, 107.

[15] *Verborgen leven*, 122; *Hidden Life*, 96; *Harper*, 123.

[16] *Verborgen leven*, 311; *Harper*, 374.

[17] Zie *Harper* n. 55 op p. 374.

[18] *Harper* 48, 73.

[19] *Harper*, 222.

[20] Taconis aan OvJ, 19 maart 1964. NIOD, Doc. I, Silberbauer, stuk 9.

[21] Rapport Van Helden aan [Taconis], 16 maart 1964. NIOD, Doc. I, Silberbauer, stuk 9.

[22] Het Duitse archief ried aan in de Verenigde Staten te zoeken onder 'EAP (Einheitsaktenplan der Wehrmacht OKW) 173-*J*'. De betreffende serie in Washington loopt evenwel slechts tot 'EAP-173-*h*-4'. De aanduidingen 'neu 2581 en neu 2583' kon men – geen wonder – in het geheel niet thuisbrengen. Wel vond de *Chief Archivist* voor ons een microfilm met daarop een 'envelope, probably of BdS [*Befehlshaber der Sicherheitspolizei und des SD*] Netherlands finance office provenance, consisting of expenses and disbursements to informants by personnel of various headquarters sections and of Aussenstelle Amsterdam engaged in gathering information, Mar. – May 1942 and May-July 1943. EAP 173-c-10-14/84' (Henry Mayer aan NIOD, 15 oktober 2002). Een voor de geschiedschrijving van de (Amsterdamse) jodenvervolging ongetwijfeld belangwekkende bron, maar voor het onderzoek naar het verraad van Prinsengracht is zij vanwege haar chronologie niet relevant.

[23] *Harper*, 286-287.

[24] *De Dagboeken*, 262.

[25] *De Dagboeken*, 362.

[26] *De Dagboeken*, 301; 29 september 1942.

[27] *De Dagboeken*, 456.

[28] *De Dagboeken*, 719; 13 juni 1944.

## Hoofdstuk 8

[1] Inleiding op *De Dagboeken*, 53.

# Bronnen, literatuur en afkortingen

## Bronnen

**Nationaal Archief, Den Haag**
  personendossiers (CABR; NBI; BNV; PolZuiv; AmbtZuiv; MvJ)
  Ahlers, A.C.
  Döring, K.H.A.
  Frank, O.H.
  Gringhuis, G.
  Grootendorst, W.
  Jansen, J.M.
  Kaper, A,
  Kaptijn, A.C.D.
  Kuiper, M.
  Maaren, W.G. van
  Poppel, J.F.M.M.J.C. van
  Rouwendal, H.
  Rühl, E.
  Silberbauer, K.J.
  Speck Obreen, H.P.J.D.
  Viebahn, F.C.
  Rijksarchief Zuid-Holland, Strafinstellingen te 's-Gravenhage

**Nederlands Instituut voor Oorlogsdocumentatie, Amsterdam**
  Doc. I dossiers; personen
  Frank, Anne
  Gringhuis, G.
  Jansen, J.M.
  Kaper, A,
  Kaptijn, A.C.D.
  Kuiper, M.

Lages, W.P.F.
Maaren, W.G. van
Poppel, J.F.M.M.J.C. van
Rouwendal, H.
Rühl, E.
Silberbauer, K.J.
Viebahn, F.C.

**Gemeentearchief Amsterdam**
Sociale Dienst Amsterdam, Centraal Bureau voor Maatschappelijk
Hulpbetoon
Dagrapporten Gemeentepolitie

**Anne Frank Stichting, Amsterdam**
Diverse correspondentie
Orderboek Opekta
Agenda's Otto Frank
Interview Otto Frank door Arthur Unger, New York 1977

**Privé-collectie Buddy Elias, Bazel**
Diverse correspondentie

**P. Gies en G. Langerijs**
Diverse voorstudies

## Literatuur

Aalders, G. en C. Hilbrink, *De affaire Sanders; spionage en intriges in herrijzend Nederland*, Den Haag 1996.

Belinfante, A.D., *In plaats van bijltjesdag: de geschiedenis van de bijzondere rechtspleging na de Tweede Wereldoorlog*, Assen 1978.

Berkley, K.P.L., *Overzicht van het ontstaan, de werkzaamheden en het streven van de Joodschen Raad voor Amsterdam*, Amsterdam 1945.

Blom, J.C.H., A.C. 't Hart en I. Schöffer, *De affaire-Menten, 1945-1976*. 's-Gravenhage 1979.

*De Dagboeken van Anne Frank*, Nederlands Instituut voor Oorlogsdocumentatie, Amsterdam 2001, ingeleid door David Barnouw, Harry Paape en Gerrold van der Stroom (6e verbeterde en uitgebreide druk).

Engelen, D., *Geschiedenis van de Binnenlandse Veiligheidsdienst*, Den Haag 1995.

Flim, B.J., 'Joodse onderduikers en de drievoudige tragiek van de onder-
duikorganisaties', in: Henk Flap en Marnix Croes (red.), *Wat toeval leek
te zijn, maar niet was. De organisatie van de jodenvervolging in Nederland*, Amsterdam 2001.

Gies, Miep en Alison Leslie Gold, *Herinneringen aan Anne Frank*, Amsterdam 1989.

Groen, K., *Als slachtoffers daders worden. De zaak van de joodse verraadster
Ans van Dijk*, Baarn 1994.

Herzberg, A.J., *Kroniek der jodenvervolging*, Amsterdam 1950.

Hilbrink, C., *'In het belang van het Nederlandse volk...' Over de medewerking van de ambtelijke wereld aan de Duitse bezettingspolitiek 1940-1945*.
's-Gravenhage 1995.

Jong, L. de, *Het Koninkrijk der Nederlanden in de Tweede Wereldoorlog*,
Den Haag 1969-1998.

Klemann, Hein A.M., *Nederland 1938-1948. Economie en samenleving in
jaren van oorlog en bezetting*, Amsterdam 2002.

Kolfschooten, Frank van, *De koningin van Plan Zuid. Geschiedenissen uit
de Beethovenstraat*, Amsterdam/Antwerpen 1997.

Kluiters, F.A.C., *De Nederlandse inlichtingen- en veiligheidsdiensten*, Den
Haag 1993.

Lee, Carol Ann, *Pluk rozen op aarde en vergeet mij niet. Anne Frank
1929-1945*, Amsterdam 1998.

Lee, Carol Ann, *Het verborgen leven van Otto Frank. De biografie*, Amsterdam 2002.

Lee, Carol Ann, *The Hidden Life of Otto Frank*, London 2002.

Lee, Carol Ann, *The Hidden Life of Otto Frank*, New York 2003 (*Harper*).

Liempt, Ad van, *Kopgeld. Nederlandse premiejagers op zoek naar joden 1943*,
Amsterdam 2002.

Meershoek, Guus, *Dienaren van het gezag. De Amsterdamse politie tijdens
de bezetting*, Amsterdam 1999.

Moore, Bob, *Slachtoffers en overlevenden. De nazi-vervolging van de joden
in Nederland*, Amsterdam 1998.

Müller, Melissa, *Anne Frank: De biografie*, Amsterdam 1989.

Presser, J., *Ondergang: de vervolging en verdelging van het Nederlandse
Jodendom, 1940-1945*, Den Haag 1965.

Schnabel, E., *Anne Frank. Spur eines Kindes*, Frankfurt a/M. 1958.

Terwiel, J.M., *Bajes in de duinen, 1880-2000*, Scheveningen 1998.

Trienekens, G., *Tussen ons volk en de honger: de voedselvoorziening, 1940-
1945*, Utrecht 1985.

*Verslag van de werkzaamheden van het Nederlandse Beheersinstituut in het jaar 1948*, 's-Gravenhage 1949.

## Afkortingen

| | |
|---|---|
| BNV | Bureau Nationale Veiligheid |
| BVD | Binnenlandse Veiligheidsdienst |
| CABR | Centraal Archief Bijzondere Rechtspraak |
| NBI | Nederlandse Beheersinstituut |
| NIOD | Nederlands Instituut voor Oorlogsdocumentatie |
| NIW | Nederlands Israëlietisch Weekblad |
| NSB | Nationaal-Socialistische Beweging |
| OKW | Oberkommando der Wehrmacht |
| POD | Politieke Opsporingsdienst |
| PRA | Politieke Recherche Afdeling |
| RIOD | Rijksinstituut voor Oorlogsdocumentatie |
| SD | Sicherheitsdienst |
| Sipo | Sicherheitspolizei |
| SS | Schutz-Staffeln |
| Zast | Zentralauftragstelle |